Arsène Houssaye

LES MAINS
PLEINES DE ROSES
PLEINES D'OR
ET
PLEINES DE SANG

PARIS
MICHEL LÉVY FRÈRES, ÉDITEURS
RUE AUBER, 3, PLACE DE L'OPÉRA

LIBRAIRIE NOUVELLE
BOULEVARD DES ITALIENS, 15, AU COIN DE LA RUE DE GRAMMONT

1874

LES MAINS
PLEINES DE ROSES
PLEINES D'OR
ET
PLEINES DE SANG

MICHEL LÉVY FRÈRES, ÉDITEURS

ROMANS

DE

ARSÈNE HOUSSAYE

Nouvelles éditions, format grand in-18

MADEMOISELLE CLÉOPATRE..	1 vol.
LA BELLE RAFAËLLA..	1 —
L'AMOUR COMME IL EST.	1 —
AVENTURES GALANTES DE MARGOT.	1 —
BLANCHE ET MARGUERITE.	1 —
LES FEMMES COMME ELLES SONT.	1 —
LES FILLES D'ÈVE.	1 —
MADEMOISELLE MARIANI, histoire parisienne. . . .	1 —
LES FEMMES DU DIABLE.	1 —
LA PÉCHERESSE.	1 —
LE ROMAN DE LA DUCHESSE.	1 —
LE REPENTIR DE MARION.	1 —
LA VERTU DE ROSINE.	1 —

Format in-8° cavalier

LES MAINS PLEINES DE ROSES, PLEINES D'OR ET PLEINES DE SANG.	1 —
LES GRANDES DAMES.	12 —

PARIS. — J. CLAYE, IMPRIMEUR, 7, RUE SAINT-BENOIT. — [372]

ARSÈNE HOUSSAYE

LES MAINS
PLEINES DE ROSES
PLEINES D'OR
ET
PLEINES DE SANG

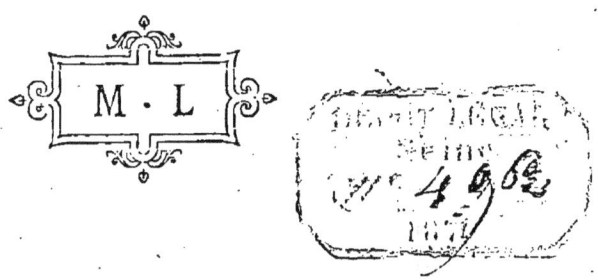

PARIS
MICHEL LÉVY FRÈRES, ÉDITEURS
RUE AUBER, 3, PLACE DE L'OPÉRA

LIBRAIRIE NOUVELLE
BOULEVARD DES ITALIENS, 15, AU COIN DE LA RUE DE GRAMMONT

1874
Droits de reproduction et de traduction réservés

A MADAME ***

Le roman que voici n'est pas pour vous, madame,
Qui n'avez pas aimé; — pas même votre amant!
Vous n'avez pas voulu des orages de l'âme,
Vous n'avez pas cueilli les fleurs du firmament;

Vous craignez de marcher dans la neige ou la flamme,
Vous fuyez le péché par épouvantement,
Et vous n'entendez pas, quand le vent d'hiver brame,
Les fantômes d'amour vous pleurer leur tourment.

Non, ce roman n'est pas pour les frêles poupées
Que n'ont point fait pâlir les pâles passions,
Qui craignent les dangers des belles équipées,

Les larmes, les sanglots des désolations,
Et qui ne savent pas, trompeuses ou trompées,
Que l'amour, c'est Daniel dans la fosse aux lions.

AR — H — YE.

Juin 1874.

LES

NOUVEAUX ROMANS

D'ARSÈNE HOUSSAYE[1]

La plus grande intimité s'est établie, il y a bien longtemps, entre Jules Janin et Arsène Houssaye. Quoi d'étonnant? Houssaye et Janin

---

[1]. Cette critique ou plutôt ce profil littéraire a paru le 1ᵉʳ janvier dans *Paris-Journal,* avec cet avant-propos de Henri de Pène :

« Un de nos amis, l'un des maîtres de tout journaliste qui tient une plume française : Jules Janin, nous a donné, pour nos étrennes, un article sur ce brillant et fécond esprit, qui est à la fois de ses amis et des nôtres : Arsène Houssaye.

« Cet article de Jules Janin, nous n'avons pas besoin de le recommander à nos lecteurs. Le doyen du feuilleton parisien a fait ici œuvre de critique et d'ami en même temps. A propos d'Arsène Houssaye, Théophile Gautier et Gérard de Nerval revivent aussi sous sa plume toujours magique et toujours jeune. »

sont partis du même point pour arriver au même but ; ils ont parcouru les mêmes sentiers ; ils ont porté tout le poids des mêmes misères. A cette heure encore, à l'heure du repos, l'un et l'autre ils sont à l'œuvre, avec cette différence pourtant : que le premier n'a pas quitté son humble emploi de critique hebdomadaire, et que le second, beaucoup plus jeune, dans un mouvement plus vaste, embrasse aujourd'hui, avec la plus grande ferveur, des drames et des passions si compliqués et si terribles, que nous ne comprenons pas qu'il vienne à bout de tant et tant d'illustres entreprises.

Quand nous l'avons connu, Arsène Houssaye était un jeune homme, amoureux de la forme, enivré des espérances de l'artiste et du poëte. Il vivait gaiement et facilement, en belle et bonne compagnie, avec Gérard de Nerval, un talent de premier ordre, un bel esprit, qui s'est tué dans un désespoir muet : ne pas atteindre à ces beaux rêves qu'il portait, tout flamboyants, dans le coin de son cerveau !

Ils avaient tous deux, pour leur dévoué et

fidèle compagnon, cet esprit rare et charmant, voisin du génie, écrivant ses doux poëmes, léger au pourchas et hardi *à la rencontre*, Théophile Gautier, d'une verve inépuisable, un peintre, un poëte, un narrateur, à qui nous devons la *Comédie de la mort*, le *Voyage à Constantinople*, et tant de pages heureuses qui lui servent d'oraison funèbre aujourd'hui. L'amitié d'Arsène Houssaye et de Théophile Gautier passera plus tard à l'état légendaire, et les lecteurs qui viendront ne sauraient les séparer dans leur estime et dans leur souvenir.

A ces trois-là nous pourrions ajouter ce talent merveilleux, ce faiseur de miracles, Eugène Delacroix, enseveli dans son triomphe. Il aimait ces jeunes gens pleins de vie et qui parlaient si bien des choses qu'il aimait le mieux. Donc, vous voyez que commencer ainsi, c'était bien commencer : une jeunesse enthousiaste, un esprit plein de doute, un talent plein de croyance, et surtout cette aimable croyance en soi-même. On ne dépend de personne ; on n'a rien à demander à personne. On obéit à l'inspiration, heureux de peu, content de tout ! C'était un grand plaisir de les voir si bien vivre et marcher doucement dans les sentiers qu'ils avaient découverts. Cela dura dix ans. Gérard de Nerval devint le voyageur favori de Charles Nodier, de Mérimée, d'Armand Carrel et des voyageurs dans un fauteuil.

Théophile Gautier s'emparait victorieux de l'histoire et du jugement des beaux-arts. Il régnait dans le feuilleton, par le talent, par la volonté, et, qui le croirait? par la bienveillance. Il était l'ami de Mme de Girardin, le prôneur de Victor Hugo; toujours à son œuvre, et quand, parfois, il avait du temps à perdre, il nous contait une élégie, il nous racontait l'ardente histoire de Mlle de Maupin. Cependant, le troisième ami, le peintre, intrépide et ne doutant de rien, se chargeait d'orner les plus beaux espaces, les places les plus célèbres dans nos églises, au conseil d'État, au Panthéon, partout, dans tous les lieux de pompe et de fête où il était désigné par son génie.

Eh bien, le plus insouciant de cette association du bien faire et du bien dire était justement ce jeune rêveur, rêvant toujours, travaillant peu,

Arsène Houssaye! Son esprit, né pour la jeunesse, n'était pas encore né pour le travail. Il semblait dire à ses amis : « Marchez devant, allez toujours, moi je fais l'école buissonnière, et j'irai, s'il vous plaît, sans hâte et sans ambition, au rendez-vous de la Fantaisie. »

Et pourtant ce fut alors qu'il écrivait *la Pécheresse*, un livre charmant qui peint le duel du corps et de l'âme. Ce fut alors qu'il commençait ses *Portraits du XVIIIe siècle*, ce siècle des magies de Watteau, si dédaignées en notre jeunesse.

Il avait été pris dans son chemin par un travail inattendu, j'ai presque dit inattendu. Il fut chargé de sauvegarder cette antique institution du grand siècle, appelée la Comédie-Française. En ce lieu superbe, les plus grands esprits de la France avaient trouvé l'asile et le respect pour lesquels ils étaient nés. Ici, Molière, ami du peuple, avait composé ses plus grands ouvrages : *le Misanthrope* et *Célimène*, et *Tartufe* et *les Femmes savantes*, enfants sérieux du Théâtre-Français. Corneille avait apporté, du fond de la Normandie, *Auguste*, *Cinna*, *Émilie* et tant d'autres héros, la gloire et l'orgueil du genre humain. Racine, en même temps que Corneille, avait glorifié le théâtre, et laissé — souvenirs de son glorieux passage ici-bas — tant d'héroïnes charmantes et de héros glorieux : *Junie, Agrippine* et *Mithridate* ; avec ses charmants railleurs qui faisaient un pendant à la comédie de Corneille : *les Plaideurs* ; puis *Iphigénie, Esther* et tout le reste. Étaient venus, plus tard, Voltaire et *Tancrède*, la philosophie après la croyance, et la sagesse du poëte après l'antique enthousiasme. Il n'y avait point de position plus belle à défendre, à protéger, à conserver, et les plus habiles, quand ils virent ce jeune homme attaché à ce pénible labeur, furent en doute de savoir comment il va se tirer de peine et par quel bonheur du temps présent il soutiendra les miracles du temps passé.

Lui, cependant, sans un moment de doute ou d'hésitation, il prit en main la défense et la protection de ce théâtre incomparable ; il assistait, plein de respect, aux derniers moments de Mlle Mars. Il encourageait la naissante ardeur de Mlle Rachel, et quand elle voulut aller plus loin que

Camille et chanter *la Marseillaise*[1], il refusa de la suivre en ces périls sans nom.

Ainsi lui fut compté, pour sa renommée, et disons le vrai mot, pour sa gloire, ce passage heureux et rapide à travers le Théâtre-Français (1849-1856). Il le quitta comme il l'avait pris, sans trouble et sans regret, laissant après lui quelques œuvres charmantes que lui seul il avait protégées : *Mademoiselle de la Seiglière, Charlotte Corday, les Contes de la reine de Navarre, Gabrielle,* et les chefs-d'œuvre de Victor Hugo, et les coups de théâtre d'Alexandre Dumas. J'allais oublier l'inoubliable Alfred de Musset, avec son *Chandelier*. Et Octave Feuillet, et Léon Gozlan, et Mme de Girardin !

Et désormais voilà Arsène Houssaye rendu à la vie littéraire, au culte des belles-lettres, ses fidèles compagnes : un sourire dans le beau temps, la consolation des heures mauvaises, fidèles compagnes qu'on ne saurait trop servir et qu'on ne peut trop aimer.

Ce fut la première fois sans doute que l'on vit

[1]. Au temps où Mlle Rachel chantait *la Marseillaise*, M. Arsène Houssaye n'était pas encore directeur du Théâtre-Français.

un directeur du Théâtre-Français quitter la règle et le compas, pour reprendre avec joie une plume fidèle et bien taillée.

Ainsi, il mit au jour ces livres charmants *le Roi Voltaire* et *le Quarante et unième Fauteuil*, dont il écrivait l'histoire avec quarante plumes différentes. On voyait qu'avant d'écrire ces beaux livres, il avait traversé la grande poésie ; il en avait gardé le souffle et le parfum.

Heureux chez nous l'esprit libre et en gaieté de cœur, qui se transforme, et glorifions, ô mes amis, l'imagination facile qui sait prendre à propos toutes les formes, toutes les grâces, j'ai presque dit toutes les vertus. Qui veut écrire et durer longtemps dans l'esprit et dans l'imagination du lecteur, aura grand soin de varier la peine et le plaisir des gens restés fidèles à cette intime lecture. Il a sous les yeux de grands exemples, à commencer par *le Roi Voltaire*. Et quel homme, en ce bas monde, plus que Voltaire, fut jamais plus changeant et plus divers ? Il a tout tenté, et toujours il a triomphé de l'obstacle. Et du théâtre à la philosophie, et du conte en vers au conte en prose, et même, ô malheur de tant réussir! du poëme épique aux légers poëmes, où le sourire arrive avec toutes les palpitations; et de l'histoire à la critique, et même du léger billet avec lequel on finit par composer de très-gros tomes; et de la comédie à la tragédie, et de la pitié à l'enchantement, ce roi Voltaire a réussi en toutes choses. Il était la grâce et la censure, l'élégie et la chanson, le charme enfin, le vrai charme, et le genre humain, ébloui de toutes ces merveilles, se demandait s'il n'était pas le jouet d'un rêve. Heureux changement! ces révolutions du bel esprit, roulant à l'infini dans un cercle qu'il s'est tracé à lui-même, et dont il sait par cœur tous les détours.

L'auteur du *Quarante et unième Fauteuil* comprit bien celui-là qui eût rempli, à lui seul, tous les fauteuils; cet homme qui fut à la fois le juge et l'avocat de son siècle.

Aussi quand il eut payé son tribut à l'esprit vif et souriant qui l'entourait, Arsène Houssaye, un beau jour, se mit à raconter, dans un grand livre intitulé *la Comédie parisienne*, une suite infinie, imprévue, énorme, des plus terribles accidents.

Il divisait ce livre en trois séries, à savoir : *les Grandes Dames,* — *les Parisiennes,* — *les Courtisanes du monde,* c'est-à-dire douze gros tomes in-octavo, que nous avons lus avec stupeur, très-étonné que le même écrivain qui tournait d'une façon si légère autour des plus graves questions, maintenant qu'il était délivré de ces belles jeunes filles innocentes qui conservaient encore l'aspect et le parfum de leur village, entreprît, dans une suite de drames impitoyables, de dévoiler ces courtisanes cachées sous le manteau des duchesses, et ces duchesses qui portaient insolemment le voile obscène des courtisanes : *Titulum mentitæ Lysicæ,* disait Juvénal; et véritablement nous savons, grâce à ces livres, les monstres hideux et charmants qui se cachent sous ces noms-là : Mme *Vénus,* Mlle *Phryné,* la *Messaline blonde,* la *Chanoinesse rousse,* la *Marquise Danaé* et l'adorable *Violette,* et cent et une autres. Il les connaît toutes, il sait leur vrai nom, et comment elles sont tombées, et par quel miracle la femme déchue est devenue une grande dame, et qu'il ne faut pas prendre au sérieux les cheveux blonds de Messaline, pas plus que les cheveux noirs de sa sœur.

Ah! mon Dieu, quelle suite incroyable de déguisements et d'aventures, de mensonges et de perfidies, et comment toutes ces femmes adultères ne sont plus que des femmes tarées! C'est ainsi dans ce charmant livre intitulé *la Bohème*, écrit par un bohémien, nous avons vu la petite Mimi qui, parfois, à la fin du trimestre, aux modes nouvelles, s'en allait chercher les robes et les manteaux de ce matin. Elle partait nue, ou peu s'en faut, et s'en revenait, huit jours après, vêtue de soie et de velours, parée de chaînes et de dentelles, la soie aux souliers, le diamant à la jarretière, et les bras chargés de bracelets. C'est très-vrai, la petite Mimi était une marquise, et ses grands dégingandés sentaient redoubler, aux fanfioles de ses toilettes, leur admiration pour Mimi.

Dans ces livres si curieux d'Arsène Houssaye, il y a de ce mélange éhonté de la courtisane et discret de la duchesse. Le romancier en connaît beaucoup des unes et des autres, et quand il les réunit dans le même salon, à l'ombre ardente, un demi-jour mystérieux, favorable aux vierges folles, le plus sage et le plus sceptique lecteur se surprend à être attentif, souvent charmé et toujours amoureux. Ces ceintures, si facilement nouées et dénouées, ont un si grand attrait! Ces beaux rires contagieux ont un si grand charme! Enfin, nous allons si facilement à ces doux visages, à ces lèvres emperlées, au beau sein de ces pécheresses! Voilà le charme et l'attrait de ces études : c'est du pur Balzac, mais du Balzac sans voiles et sans embûches, disant toutes choses hardiment, et jamais lassé dans ses révélations.

Cette fois, par quel travail, quel mystère et quelle infatigable interprétation des vices les plus cachés, le conteur infatigable est parvenu à composer ces douze volumes incomparables? Nous ne saurions le dire. Il a fallu rompre absolument et le même jour avec ses petits livres accoutumés, les *Charmettes*, par exemple. Loin d'ici, mes élégies! loin de moi mes frêles chansons! J'ai fermé pour jamais ce petit monde oisif, galant et dameret qui m'a suffi vingt années. Il me faut désormais de grandes héroïnes, des passions illustres, et quelqu'une de ces nudités fameuses que le monde entoure à plaisir de ses haines et de ses adorations. Telle était l'œuvre ardue, et voilà par quel sacrifice il a forcé la porte obstinée et pourtant hospitalière de ces grands boudoirs et de l'*Hôtel du Plaisir, mesdames.*

Une fois dans ces fameux romans de sa deuxième manière, soyez en repos, vous trouverez toutes les palpitations imaginables. L'homme est savant dans toutes les intrigues du hasard et dans toutes les choses de l'amour. Autant que les plus grands artistes il excelle à parer et à scalper ces dames précieuses. Il sait qui donc les habille, et qui donc dénoue ces beaux cheveux tordus sur ces nuques vaillantes. Il vous dira le nom de tous les amants de ces magiciennes, pour qui l'amour, la passion et la volupté n'ont plus de secrets. La femme ainsi aimée et parfumée en vain ne veut pas qu'on la suive : on la suit. Des mains invisibles vous poussent à cet abîme. Il sait aussi le nom de toutes les pierres précieuses, et celles qui conviennent le mieux à la beauté, parée à son plaisir. Même, après avoir décrit le carrosse où la dame se promène, il vous dira le nom de la dame. Il sait où la prendre et dans quel hôtel, entre cour et jardin, il retrouvera cette pestiférée, et notez bien qu'il n'est point amoureux de ces miracles de beauté et de ces beautés d'occasion. Au contraire, on dirait qu'il les raille et qu'il les hait, tant il les a bien vues. Harpies! la honte et le chagrin de tant d'honnêtes gens. Ces douze volumes sont remplis de leurs mensonges et de leurs trahisons vus par un sceptique, mais un sceptique qui a ses quarts d'heure de pardon.

Pour comble d'ironie, il ne va pas enfermer dans un méchant tome, en vil papier, ces trouvailles de son esprit et de sa souvenance; au contraire, il veut les publier superbes, sur un papier fait pour les grands poëtes, et que chaque dame, ici présente, apparaisse dans sa grâce et dans sa beauté. Voyez plutôt, dans ces deux tomes de *la Femme fusillée*, Blanche de Volnay et Mlle Angeline Duportail, l'une armée d'un couteau à la façon de Charlotte Corday, l'autre à la poitrine sans voile, aux bras nus, et d'une beauté irrésistible. Ce sont là ses armes de combat. Et maintenant que, par un si long détour, j'arrive à cette publication dernière, accordez-moi la permission d'en parler tout à mon aise et longuement.

Ce nouveau livre en deux volumes non moins splendides que les autres études de mœurs parisiennes, est intitulé : *Le Chien perdu et la Femme fusillée*, en souvenir d'un petit livre écrit deux ans avant la révolution de Juillet : *L'Ane mort et la Femme guillotinée*... On a plus tard effacé le second titre, et ce n'est plus que *l'Ane mort...* Je puis parler de ce livre, autrefois célèbre, oublié de nos jours [1]. C'était l'œuvre hésitante d'un nouveau venu dans les lettres, qui ne se doutait pas que cette histoire le jetterait, irrévocablement, dans la vie littéraire.

L'âne et la fillette, héros de ces pages timorées,

---

1. Oublié ! *L'Ane mort et la Femme guillotinée* est un des chefs-d'œuvre de l'école romantique. Tout en voulant railler la littérature de sang, Jules Janin a créé des figures vivantes : la nature a vaincu le critique.

sont nés dans le même village, et l'âne et la jeune fille accomplissent le même voyage, jusqu'au moment où celui-ci est traîné à la barrière du Combat, où celle-là est menée à l'échafaud. C'était un récit très-simple et très-exact. On voyait que la fillette et la bête avaient vécu, mais nulle parure, et rien pour arrêter le lecteur. Cela était presque naïf et faisait si peu de bruit !

Seulement l'écrivain, très-jeune encore, avait tenté de montrer comment, dans un style élégant et châtié, l'on pouvait décrire à l'usage des honnêtes gens les lieux les plus corrompus de la grande ville, à savoir la Bourbe et la Morgue, et le lupanar abominable, et le bourreau, qui n'était pas encore un personnage. Il y avait même un certain baiser à la guillotine que nous trouvions charmant en ce temps-là. Le livre, à peine publié, fut proclamé comme une chose bien faite. Il trouva, pour ses premiers répondants, M. de Salvandy, jeune homme, et M. Victor Hugo, dans toute la jeunesse et l'indulgence d'un grand écrivain qui était la fête et l'amour du public.

Je crois bien que M. Sainte-Beuve eut quelque souci du livre nouveau ; mais il s'en repentit, comme a fait plus tard George Sand, effaçant de ses pages le titre du livre et le nom de l'auteur. Cependant *l'Ane mort* a fait son chemin ; on l'a mis en tableau, en gravure, en mauvais drame, et l'illustration de ce petit conte fut le dernier travail de Tony Johannot. D'autres livres sont venus plus tard qui ne devaient pas le laisser vivre. On ne va pas à *l'Ane mort* quand on peut lire *Eugénie Grandet* et *Notre-Dame de Paris*. Mais quoi ! peu de lecteurs suffisent à l'homme sensé : *Contentus paucis lectoribus*, disait Horace, et l'auteur de *l'Ane mort*, après quelques tentatives pour arriver à son premier succès, finit par traduire Horace et ne trouva pas de concurrents. Il a fait plus tard un livre assez considérable : *la Fin d'un Monde et du Neveu de Rameau*, dont la première édition — ô surprise ! — est épuisée au bout de cinq ans, sans que l'auteur ait pu se plaindre de la critique ni de la curiosité de ses contemporains.

C'est donc en souvenir de *l'Ane mort et la Femme guillotinée* que M. Arsène Houssaye lui dédia : *Le Chien perdu et la Femme fusillée*. Or, cette fois, vous pourrez juger à quel point de réalisme, et, disons mieux, de vérité, l'illustre écrivain a poussé les qualités par lesquelles il est parvenu à composer *les Grandes Dames, les Parisiennes* et *les Courtisanes du monde.* Il a choisi pour son texte : les *Épouvantements* et les *Abîmes,* c'est-à-dire les derniers jours de l'infâme Commune. Il la connaît par cœur, il la connaît aussi bien qu'il connaît le grand monde et le demi-monde ; et quand vous aurez lu ces deux tomes des abîmes et des épouvantements, ne vous étonnez pas que vous sachiez toute cette histoire. Ah! voilà bien cette autre fin d'un monde au milieu des flammes et des égorgements !

Il y avait, en ce temps-là, un franc-tireur qui sauvait un chien d'une mort certaine ; il s'appelait Ducharme ; il était amoureux d'une certaine Virginie Duportail, qui lui rendait amour pour amour, mais aussi trahison pour trahison. Elle riait quand elle avait bien trompé un amoureux de sa beauté ; elle était mêlée à ces histoires de Belleville et de l'Hôtel de ville. S'il y avait une barricade, elle abordait la barricade avec du vin de Champagne. Enfin, s'il était terrible, elle était violente. Elle vivait avec ce qu'il y avait de pire à Paris, et l'auteur ne se gêne pas pour les hommes, disant : « Celui-ci est un Spartiate et celui-là est un Athénien de barrière! » Entre tous ces jeunes gens il y avait ce beau chien nommé Thermidor, très-bien venu des bataillons de Montmartre, de Montrouge et de Ménilmontant.

Thermidor est une bête plus intéressante et plus aimable que *l'Ane mort*. Il gambade autour de ces terroristes, Raoul Rigault et Gustave Flourens! Pauvre Flourens! je l'ai connu beaucoup, moi qui vous parle; il était simple et bon. Il serait resté tout un jour assis dans le même fauteuil et rêvant, Dieu sait à quoi! Nous avons aussi, à côté du chien Thermidor, le citoyen Carnaval, qui nous fait rire, et puis Mlle de Volnay, qui se tue à la grande façon romaine, à la façon de Lucrèce, et qui n'en meurt pas! Bref, dès les premières pages, tout se mêle et se confond dans ce récit, qui est déjà le récit d'un autre monde.

Avant l'heure où les soldats de Versailles s'emparent de Paris et viennent à bout de la Commune, le peintre excelle à nous montrer les communards dans leur désordre et dans leur désastre. Ici Jules Vallès apostrophant Courbet ; plus loin Dacosta tendant son verre à Théophile Ferré. On ne boit plus dans tout Paris que du vin de Champagne, hormis du vin bleu ; on n'entend plus que les échos de *la Marseillaise,* et nous avons vu le moment où l'on allait représenter l'œuvre nouvelle de M. Pyat. Mais sa prudence a pressenti l'orage ; il avait peur d'être sifflé — et fusillé ! Et tout ce monde en même temps piaule et rugit, et chante, et crie. Il y en a qui s'enivrent, d'autres qui se cachent, plusieurs font l'amour, plusieurs s'en vont à Versailles à une partie où les comédiennes déclament des vers de Théophile Gautier. Les demoiselles perdent des discrétions, les dames perdent leur mouchoir, les vivandières gagnent des fédérés, les honnêtes femmes se cachent et font de la charpie. Le colonel Rossel, le général Dombrowski, M. de Rochefort, règnent et gouvernent. Le gamin de Paris s'en va de l'un à l'autre, et la belle Angeline Duportail fait la garde à l'Hôtel de ville.

Aventures monstrueuses! On s'empare à la fin d'Angeline Duportail, et, dans un hôtel du parc Monceaux, on la fusille; elle tombe à la porte de Violette, une héroïne des *Grandes Dames*.

Quand elle est frappée, elle ressuscite et s'en va, chancelante, à la recherche de son amant. Car ici nous appelons les choses par leur nom : ma maîtresse, mon amant, gros comme le bras. Enfin la mal fusillée, à peine couverte des voiles d'une dame de la charité, est reconnue par son chien et par un agent de police; alors commence une série interminable d'épreuves et de malédictions. M. Arsène Houssaye est habile en toute sorte de péripéties. Angeline Duportail, sitôt qu'elle est rendue à la douce lumière, pleure des larmes de repentir; mais quand son amant est condamné à la déportation, elle le suit avec Thermidor jusqu'au port où le colonel Ducharme est embarqué pour Nouméa.

Alors Thermidor, voyant partir son maître, l'appelle en désespéré; il finit par se jeter dans le flot retentissant. Il aboie sa douleur; mais comment quitter celle-ci pour celui-là? Il va, il revient. Il finit par se noyer, et la belle Angeline, à son tour, meurt d'amour et de chagrin. Ah! que de peines avant d'arriver à la tombe, et que la jeune Henriette, de *l'Ane mort,* a plus tôt fait de courber sa belle tête sous la main du bourreau!

De tous les romans de M. Arsène Houssaye, il semble que celui-là est le plus rempli d'épouvante et de terreur. J'ai presque dit de sympathie et de pitié. Ainsi, ces créatures de l'autre monde auront mérité l'honneur d'aller rejoindre, dans leurs châteaux, dans leurs boudoirs, en leurs abîmes, en leurs cercueils, toutes les maîtresses de M. Don Juan de Parisis.

Mais que M. Arsène Houssaye, dans les entr'actes de ses livres plus sévères, retourne à ses grandes dames, à ses belles pécheresses, à ses passions de la vie parisienne. Pourquoi n'écrit-t-il pas ce livre, depuis longtemps annoncé : *Les mains pleines de roses, pleines d'or et pleines de sang?* Il m'a conté cette histoire. Il y a là une idée philosophique et un drame terrible.

JULES JANIN.

LIVRE PREMIER

LES MAINS PLEINES DE ROSES

> Celui qui nie l'Inconnu nie les destinées de son âme.
> GŒTHE.

> J'ai commencé par nier tout, j'ai fini par croire à tout.
> LA HARPE.

> Cette femme qui sourit dans sa beauté te donnera l'amour et la mort. Mais qu'est-ce que la vie sans l'amour !
> OCTAVE DE PARISIS.

I

LA VISION DU CHATEAU DE MARGIVAL

Cette histoire va vous paraître étrange; c'est la Vérité elle-même qui parle.

Un jeune homme de vingt ans passait à cheval dans une petite vallée du Soissonnais, coupée de prairies, de bois et d'étangs, dominée par une montagne où s'agitaient et babillaient trois ou quatre moulins à vent. Le soleil disait adieu aux flèches aiguës de l'église; l'Angelus ne sonnait pas comme dans les romans, parce que le maître d'école arrosait son jardinet bordé de buis, où fleurissait sur la même ligne la ciboule et le dahlia. On entendait le cri argentin du crapaud, ce doux poëte des marais. Le coucou et le merle, qui avaient déjà fait leur lit sur la ramure, ne se répondaient plus qu'à de longs intervalles.

Ce jeune homme allait je ne sais où, ni lui non plus. Le cheval, tout enivré par la verte et savoureuse odeur de la luzerne fauchée, était léger comme la jeunesse ; il effleurait l'herbe et dévorait l'espace. Le cavalier allait plus vite encore ; il voyageait à bride abattue dans le monde idéal qui vous ouvre à vingt ans ses portes d'or et d'azur. D'où venait-il? du collége. Il n'avait pas vécu de la vie jusque-là. Il n'avait connu que les Grecs et les Romains. L'étude avait chastement veillé en sentinelle sur son cœur, comme la vestale antique dans le temple de Junon.

Il allait vivre, enfin! La passion viendrait bientôt à lui tout échevelée avec ses fureurs divines, ses étreintes de flamme. Il avait appris à lire, mais il avait à peine entr'ouvert ce livre sacré, ce livre infernal où Dieu et Satan ont écrit leurs poëmes. Comme il ne croyait qu'à Dieu, il entr'ouvrait le livre avec confiance. Il entrait dans la vie avec la pieuse ferveur d'un chrétien qui franchit le seuil d'une église en songeant que là du moins, sous les regards des anges, des vierges et des saints qui sourient dans les vitraux ou dans les cadres, il est à l'abri des méchants.

Georges du Quesnoy, — c'est son nom, — était fils d'un magistrat frappé dans sa carrière par 1848, un galant homme qui avait eu le tort de mettre un peu de politique dans la balance de la justice. Il avait trois enfants, deux fils et une fille. Sa fortune était des plus médiocres. Il vivait dans le Soissonnais, très-retiré du monde, du produit d'une ferme qui ne devait guère donner que 100,000 francs à chacun de ses enfants. La fille était mariée à un procureur impérial; le fils aîné, depuis un an sorti du collége, ne voulait rien faire, sous prétexte qu'il faisait des vers; le plus jeune se disait bon à tout : au journalisme, à la diplomatie, à l'épée, à la robe. Aussi il y avait tout à parier contre un que Georges du Quesnoy n'arriverait à rien.

Il devait, après la saison, partir pour Paris, le

grand dévoreur d'hommes; Paris qui engloutit mille ambitieux pour faire un nain. En attendant ce rude combat, il vivait d'insouciance, amoureux de l'aube et du crépuscule, du rayon qui descend et du bruit qui s'élève, confiant ses rêves aux nuages, à la forêt et aux fontaines.

Ce soir-là on respirait l'amère senteur des fèves qui enivre quelques-uns jusqu'à la folie. Le moissonneur s'attardait dans les bois, au parfum des fraises déjà mûres. L'écolière s'amusait, au retour de l'école, à souffler, de ses lèvres virginales, le plantain en fleur qui semblait chevelu et poudré comme un marquis. L'écolier admirait la délicatesse architecturale des chardons; il cueillait le pissenlit hérissé, il se hasardait à sucer le suc de l'ortie, l'ortie dont il comparait la gueule blanche au rabat du prêtre. Tout était joie et fête en ce beau soir. La terre chantait son hymne à Dieu par la voix des hommes, des forêts, des moissons et des oiseaux. Il n'est pas jusqu'au champ de pommes de terre qui ne livrât au vent l'odeur plébéienne de ses vertes ramures, étoilées çà et là de ces humbles fleurs dédaignées que nulle main blanche n'a cueillies et que nulle muse n'a chantées. — Je vous salue, ô pommes de terre, vertes espérances des Spartiates futurs ! —

Georges, après avoir côtoyé une haie de sureaux et d'aubépines où le liseron suspendait ses clochettes blanches et roses, s'arrêta soudainement à la grille d'un parc touffu qui cachait à demi la façade Louis XVI du château de Margival, dont le parc était surnommé, on ne sait pas bien pourquoi, le *Parc aux Grives*, peut-être parce que la vigne grimpait sur tous les arbres et que les grives y venaient en belles compagnies au temps de la vendange.

Le château de Margival est un des plus jolis du Soissonnais ; un peu moins, ce serait une simple villa, mais, un peu plus, ce serait un château princier, tant l'architecte a bien marqué le style dans cette œuvre en pierre de la fin du xviiie siècle.

Dans ce château souvent abandonné, M. de Margival amenait tous les ans sa fille Valentine, qui était encore au Sacré-Cœur. Mais comme c'était déjà une vraie demoiselle, on quittait Paris avant les vacances, pour passer trois à quatre mois dans cette belle solitude.

M. de Margival s'y trouvait bien, en souvenir de sa femme qu'il avait adorée et qui était morte jeune.

Le pays où on a été malheureux de son bonheur est toujours un pays d'élection.

Mlle de Margival ne s'y trouvait pas mal, quoiqu'elle fût peu éprise de la solitude.

Ce n'était pas la première fois que Georges du Quesnoy venait se promener aux alentours de Margival. Son père habitait à trois quarts de lieue, au petit village de Landouzy-les-Vignes, dans une simple maison de campagne, appelée par là maison bourgeoise, petite cour avec pavillons, un arpent de jardin par derrière, où l'on veut jouer au parc tout en ménageant un potager.

Il aimait le château de Margival. Quoiqu'il ne fût pas poëte comme son frère, il avait déjà un vague sentiment de l'art : aussi était-il dans l'enthousiasme devant cette façade.

« Ah! s'écria-t-il tristement, si mon père habitait un pareil château, je voudrais y vivre et y mourir sans m'inquiéter des pommes d'or des Hespérides! Ne peut-on trouver ici mieux qu'à Paris les joies du cœur, les fêtes du ciel et de la nature?

Il avait mis pied à terre pour appuyer son front brûlant sur la grille. Il eût donné quelques beaux jours de sa vie pour pouvoir fouler en toute liberté l'herbe du parc. « Ainsi doit être la vie, pensa le jeune philosophe : des tentations qui vous montrent leur sein nu, mais qui vous défendent d'approcher. »

A cet instant il vit apparaître, comme dans un songe, une jeune fille vêtue d'une robe blanche, qui débusquait d'une avenue de tilleuls et venait vers la grille d'un air recueilli. Elle avait vingt ans. Elle était belle comme si elle fût sortie des mains du Corrége; elle était pure comme si elle fût sortie des mains de Dieu. Praxitèle, qui n'a jamais trouvé son idéal, se fût incliné devant elle.

Quoiqu'elle semblât méditer profondément, elle s'arrêta tout à coup devant un papillon enjoué qui battait des ailes, comme pour applaudir à cette vision. Elle voulut saisir ces ailes toutes d'or et de pourpre; elle se mit à courir comme une écolière à travers les massifs et les branches. Sa chevelure, à peine nouée, s'envola sur ses épaules et lui voila les yeux. Sa robe, battue par le vent, s'accrochait à tous les rosiers. Vingt fois elle fut sur le point de saisir le papillon, qui semblait comprendre le jeu et qui voulait secouer un peu de la poussière d'or de ses ailes sur cette main virginale.

Elle poussa un cri qui traversa comme une flèche le cœur de Georges; elle avait déchiré sa main à un rosier; le sang coulait comme des perles de vin. Elle se mit à rire pour oublier de pleurer; elle saisit une rose blanche et là teignit de pourpre comme autrefois Vénus chassant avec les Heures.

Elle avait oublié le papillon; elle cueillit des marguerites, elle les éparpilla dans ses cheveux et regarda dans l'étang pour voir si elle était plus belle avec des fleurs.

Je ne saurais raconter les mille et une folâtreries dont elle égaya sa méditation. Georges du Quesnoy était toujours à la grille. Il y serait encore si un hennissement de son cheval n'eût effrayé la jeune fille. Dès qu'elle se vit surprise en sa solitude, elle s'envola comme une colombe à travers les ramées. Georges du Quesnoy ne vit plus que les branches émues qu'elle avait touchées au passage.

Il remonta à cheval, bien décidé à venir tous les soirs se promener dans ce parc enchanté.

Comme il éperonnait son cheval pour arriver chez son père à l'heure du dîner :

« Prenez donc garde, lui dit une paysanne ensevelie sous une moisson d'herbe fraîchement coupée, vous allez me jeter dans le ruisseau.

— Je ne vous avais pas vue.

— Où avez-vous donc les yeux? Ne dirait-on pas que je suis une fourmi portant un brin de paille à sa fourmilière!

— A qui appartient ce château?

— A la Belle au bois dormant.

— Est-ce cette jeune fille que je voyais tout à l'heure vêtue de blanc comme une communiante? »

La paysanne regarda Georges du Quesnoy d'un air moqueur.

« Êtes-vous visionnaire ?

— J'ai vu une jeune fille courant après des roses et des papillons.

— C'est un conte. M. de Margival et sa fille sont en pèlerinage à Notre-Dame-de-Liesse. Il n'y a pas au château âme qui vive à cette heure. »

Georges du Quesnoy n'en voulait rien croire. Il partit au galop, bien décidé à revenir le lendemain pour revoir cette belle fille aux cheveux flottants, Ève idéale de ce paradis terrestre.

II

TOUT ET RIEN

Quand Georges rentra à Landouzy-les-Vignes, il rencontra son frère qui cueillait des rimes aux buissons.

« C'est moi, lui dit-il, qui ai eu une vision poétique. »

Et il conta à Pierre comment une jeune fille, une rêverie idéale en robe blanche lui était apparue dans le parc du château de Margival.

« C'est la préface de l'amour, lui dit Pierre. Mais moi qui suis poëte, je vais t'expliquer en prose l'énigme de cette apparition. Mlle de Margival est arrivée depuis quelques jours au château avec son père; elle a dix-huit ans et elle a les dix-huit beautés voulues par le peintre et le sculpteur...

— Allons, tu vas commencer par divaguer.

— C'est toi qui divagues; parce que tu vois une jeune fille en robe blanche, te voilà rêvant à une apparition magique.

— Tu as peut-être raison, je ne suis qu'un visionnaire. »

Et Georges du Quesnoy, qui n'y avait pas songé, chercha à se prouver que la jeune fille en blanc, c'était Mlle de Margival.

Mais voilà que tout à coup, et comme pour jeter le trouble dans son esprit, une calèche à deux chevaux passa devant les deux frères, emportant vers le château M. de Margival et sa fille.

« Tu vois bien que ce n'était pas elle. »

Les paysans, qui s'étaient arrêtés pour voir passer ce qu'ils appelaient le carrosse, apprirent à Georges que M. et Mlle de Margival venaient du château de Marchais où ils avaient déjeuné chez le prince de Monaco, tout en faisant un pèlerinage à Notre-Dame-de-Liesse.

« Cette fois, dit Pierre à son frère, je n'y suis plus du tout, à moins qu'il n'y ait au château quelque cousine inconnue, promenant sa robe blanche. »

Mais les mêmes paysans qui étaient les moissonneurs et les vendangeurs de M. de Margival, affirmèrent que, hormis le père et la fille, il n'y avait pas âme qui vive, sinon une cuisinière grosse comme un tonneau et une femme de chambre grande comme un moulin.

Les jeunes gens finirent par parler d'autre chose, ils allèrent retrouver leur père, qui les attendait pour dîner. Au dessert, après avoir parlé de ceci et de cela, après avoir mangé beaucoup de ces belles cerises du pays qui valent bien mieux que les cerises de Montmorency, M. du Quesnoy leur dit :

« Eh bien, messieurs mes fils, maintenant que vous voilà tous les deux bacheliers ès lettres, il faut vous décider à devenir des hommes; que ferez-vous ?

— Rien, dit Pierre.

— Tout, dit Georges. »

III

IL ÉTAIT UNE FOIS...

A quelque temps de là, Georges du Quesnoy alla passer la soirée au château de Sancy-Lépinay.

Ce n'était pas sans une certaine émotion qu'il se hasardait dans sa vingtième année vers un monde nouveau. Quoiqu'il ne fût pas timide jusqu'à la bêtise, — c'est souvent la timidité des gens les plus spirituels — il avait peur de lui, il se demandait s'il trouverait quatre mots à dire dans ce beau monde, familiarisé avec toutes les impertinences, car la comtesse de Sancy avait depuis huit jours, dans son château, ces messieurs

et ces dames, qui sont le tout Paris de l'Opéra
et des courses.

Georges du Quesnoy avait longtemps hésité à
affronter le feu. C'était son premier duel avec la vie ;
il résolut d'être brave et de sourire au premier sang,
car il ne doutait pas qu'il ne fût le point de mire
de beaucoup de railleries plus ou moins directes :
les Parisiens sont des francs-maçons qui font toujours subir une rude entrée aux provinciaux.

« Après tout, disait Georges, ils ne me mange-
ront pas. »

Il savait bien, d'ailleurs, qu'il n'était pas plus
bête qu'un autre. Il avait eu le prix d'excellence au
collége de Soissons, — ce qui n'était pas une raison, puisque le génie n'a pas souvent de présence
d'esprit, — mais en outre ses camarades lui accor-
daient une certaine éloquence humouristique. Ce
n'était certes ni l'humour de Sterne, ni de Ho-
garth, ni de Heine, ni de Stendhal. On ne revient
pas si jeune de Corinthe. Mais il y avait toujours
du charme dans sa causerie, parce que la gaieté
y jaillissait des questions plus graves.

Il était moins content de son habillement que

de son esprit, car après tout on peut apprendre à lire Homère et Platon à Soissons comme à Paris, mais les tailleurs de Soissons n'ont pas encore le coup de ciseau des tailleurs de Paris. Il avait eu beau s'étudier devant son miroir, en se donnant des airs de désinvolture; il avait eu beau se coiffer à la dernière mode; il avait eu beau se relever la moustache : il y avait encore en lui je ne sais quoi de soissonnais qui marquait trop le terroir. Heureusement il ne se jugeait pas; il était trop habitué à lui-même pour se critiquer à propos; il trouvait même que son père et sa mère n'avaient pas trop mal travaillé, car j'oubliais de dire qu'il avait une belle tête, peut-être un peu féminine, à force de jeunesse, mais qui promettait de prendre du caractère. Le profil était même d'un dessin sévère, mais l'œil bleu de pervenche était trop doux. On eût dit des yeux d'hiver ou tout au plus de printemps, car ils ne jetaient pas de flammes vives; peut-être le volcan dormait-il sous la neige, peut-être la passion devait-elle allumer ces yeux-là.

Georges du Quesnoy n'était pas trop mal chaussé;

aussi, dès son entrée dans le salon du château, la comtesse dit-elle à une des ses amies : « N'est-ce pas qu'il a de jolis pieds pour des pieds de province ? »

Quand un domestique dit son nom à la porte, il se sentit pâlir et chanceler, il salua à droite et à gauche sans savoir son chemin. Il alla trébucher contre un coussin et donna de la tête sur l'éventail de la jolie Mme de Fromentel, qui dit tout haut à une de ses amies : « Ce jeune homme est terrible, un peu plus il m'arrivait en pleine poitrine. » Georges du Quesnoy était revenu à lui à ce point qu'il hasarda ces paroles : « Je ne me serais pas cassé la tête, madame. » Mme de Fromentel ne savait si elle devait rougir ou se fâcher.

« Voyez-vous, monsieur, lui dit-elle avec une pointe d'impertinence, c'est parce que vous n'y voyez pas avec votre lorgnon dans l'œil. »

— C'est parce que j'avais peur d'être ébloui, madame. »

On disait la bonne aventure au voisinage, non pas avec les cartes ni avec le marc de café, mais en lisant dans les mains :

« Vous n'y entendez rien, dit tout à coup la maîtresse de la maison à la sibylle. Monsieur du Quesnoy, savez-vous prédire l'avenir en lisant dans les mains ?

— Puisque je sors du collége, je sais tout, dit Georges, en s'efforçant de sourire.

— Eh bien, vous allez commencer par moi. »

Georges du Quesnoy commença bien : la dame avait trente ans passés ; or, en lui prenant la main, voilà quelles furent ses premières paroles : « Madame la comtesse, quand vous aurez vingt-huit ans, vous traverserez des périls sans nombre ! » Jusque-là tout le monde avait regardé le nouveau venu avec le froid dédain des gens qui sont au spectacle de la bêtise humaine. On s'était quelque peu mis à rire en le voyant se jeter le lorgnon dans l'œil sur l'éventail de Mme de Fromentel ; on l'avait comparé à un écuyer du cirque qui va traverser un cerceau de papier ; mais quand on vit qu'il n'était pas trop dépaysé, on répéta de bouche en bouche que le collégien n'était pas si bête qu'il en avait l'air.

Un rayon presque sympathique tomba sur lui,

on se demanda qui il était et d'où il venait. On ne fut pas fâché d'apprendre que son père était une des personnalités de la magistrature, demi-noblesse de robe qui lui donnait ses petites entrées dans ce château héraldique s'il en fut. Puisque ce n'était pas le dernier venu, on pouvait lui permettre d'avoir de l'esprit, aussi toutes les femmes voulurent lui donner la main.

Il s'était hasardé dans cette aventure sans savoir un mot de ce qu'il allait dire. La fortune est aux audacieux ; d'ailleurs il lui était impossible de rebrousser chemin : coûte que coûte, il fallait parler.

Il parla. Il ressemblait fort à ce bûcheron ivre qui fait des fagots à travers la forêt, donnant des coups de hache de çà de là, abattant comme un aveugle et se déchirant la main aux épines. Quoiqu'il fût toujours un peu troublé, il n'oubliait pas de regarder chaque patiente face à face, pour lire quelque peu dans sa physionomie. C'est encore plus sûr que la main, surtout pour ceux qui n'ont pas appris à lire dans ces hiéroglyphes que déchiffrent si galamment les initiés, comme si c'était vraiment une langue consacrée.

Déjà il avait contenté ou mécontenté deux curieuses plus ou moins naïves, quand une troisième, qui s'y entendait, lui prit sa main à lui-même et lui débita quelques malices cousues de fil blanc.

Il se laissa faire d'autant mieux que la dame était jolie, étrange et provocante.

« Monsieur, lui dit-elle, j'en sais plus que vous; tout ce que vous avez dit là, ce ne sont pas des paroles d'Évangile; vous avez sans doute appris cela en faisant votre rhétorique ou votre philosophie. Je vous ai ouï parler du démon de Socrate et des visions de Descartes...

— Des cartes! s'écria une femme, on va tirer les cartes. J'en suis. »

La dame qui tenait la main de Georges du Quesnoy se tourna vers l'interruptrice :

« On voit bien, ma chère, que si vous avez fait votre rhétorique, vous n'avez pas fait votre philosophie : Descartes, c'est le philosophe. »

Cette chiromancienne, qui avait les secrets de Desbarolles, était une demoiselle de Lamarre, cousine de la maîtresse de sa maison. Elle n'avait pas voulu se marier, parce qu'elle avait lu dans sa main que le mariage lui serait fatal. Elle avait d'ailleurs une figure à rester vieille fille, quoique avec de beaux yeux et de belles dents.

Cependant Mlle de Lamarre continuait à étudier la main de Georges : « Ah ! mon Dieu ! » dit-elle tout à coup.

Elle prononça ces mots avec une pâleur soudaine et avec une voix émue qui frappèrent tous ceux qui étaient là en spectacle.

Georges du Quesnoy la regarda avec une curiosité inquiète, quoiqu'il s'efforçât de prendre un masque moqueur.

Elle avait laissé retomber la main.

« C'est impossible, dit-elle en la reprenant.

— Mais qu'y a-t-il donc? lui demanda la comtesse de Sancy.

— Parlez ! parlez ! dit le jeune homme. Vous imaginez-vous que vous allez me faire peur?

— C'est moi qui ai peur, murmura la devineresse.

— Vous avez donc vu le diable dans ma main?

— Si ce n'était que cela.

— Qu'avez-vous vu ?

— Je ne le dirai pas.

— Permettez, dit un des assistants, c'est un peu le jeu des enfants que vous jouez là. Vous devez parler tout haut. »

Après un silence de quelques secondes, la dame reprit gravement la parole :

« Si je croyais beaucoup à toutes ces sorcelleries, je ne dirais rien ; mais comme je n'y crois pas pour deux sous, je vais dire ce que j'ai vu. La ligne de Saturne est brisée par un X fatal, c'est un signe de mort violente. »

Un beau sourire s'épanouit sur la figure de Georges du Quesnoy.

« Madame, lui dit-il, vous ne pouviez pas m'annoncer une mort plus agréable pour moi : mourir de mort violente, voilà qui n'est pas à la portée de tout le monde, c'est la mort des dieux et des rois. Si j'étais un peu pédant, quelle belle occasion j'aurais là de faire une page d'histoire !

— Soyez un peu pédant, dit la maîtresse de la maison, je ne suis heureuse que si on me raconte des morts tragiques.

— *Væ victis!* Tant pis pour moi ! Tous les grands noms sont morts de mort violente, sans parler de Jésus-Christ. Homère est mort de faim, Socrate a bu la ciguë, César fut poignardé, Alcibiade fut percé de flèches, toute l'antiquité est pleine de ces choses-là. Sardanapale se brûla vif, Anacharsis fut étouffé, Zénon mourut dans les tortures, Polycrate fut crucifié, Ésope, comme Danaé, fut précipité du haut d'un rocher, Sapho se précipita elle-même ; Philippe, roi de Macédoine, tomba sous les coups de Pausanias, qui tomba sous les coups d'Alexandre ; Phocion but la ciguë, comme Socrate ; Artaxercès fut dévoré par les bêtes, Pyrrhus tomba sous le coup d'une pierre, Antiochus et Bérénice furent empoisonnés, comme Annibal, comme Aristippe ; Archimède fut tué au siége de Syracuse ; Mithridate a eu beau s'habituer au poison, il n'en mourut pas moins de mort violente ; Cléopâtre mit un aspic à son beau sein. Combien de morts terribles à Jérusalem ! Plus de trois millions sous Vespasien et sous Titus. Et les Romains, croyez-vous qu'ils soient morts de leur belle mort ? Tibère, Caligula, Claude, Néron,

Galba, Othon, Vitellius, Domitien, Commode, Caracalla. Agrippine, femme de Tibère et fille d'Auguste, mourut de faim ; mais je passe par-dessus toutes les tragédies. Protée se brûla lui-même sur un rocher, Manès fut écorché vif, Bhéram, roi des Perses, fut tué d'une flèche ; l'empereur Maxime eut la tête tranchée, Attila, qui avait ruiné cinq cents villes et tué un million d'hommes, mourut de joie dans son lit : mort violente ! L'empereur Xénon fut enterré vivant par la belle Ariadne. Je passe sur tous les drames de la cour de France avant Frédégonde, après Brunehaut. Et le conseil des Dix ! et les Sforza ! et les Borgia ! Mais quel que soit le pays, qu'on s'appelle Jean Huss ou Marie Stuart, qu'on soit Cinq-Mars ou le duc de Montmorency, Barneweldt ou Buckingham. « Et la garde qui veille aux barrières du Louvre n'en défend pas les rois : » Henri IV meurt poignardé, Louis XVI guillotiné. 1793, c'est la grande époque ; la guillotine ne frappe pas assez vite quand les terroristes sont au pouvoir. Et quand la guillotine se repose, tout est-il fini ? Et Paul Ier, assassiné ; et Mohamed, poignardé ; et le duc d'Enghien, et le grand vizir Mustapha. Et le comte d'Entraygues et la Saint-Huberti dans les bras l'un de l'autre ; et Napoléon Ier cloué sur un rocher, et Ney, qui inaugure la réaction blanche ; et Kotzebue, et Karl Sand, et le duc de Berry, et le pacha de Janina, dont la belle tête, coupée, fut envoyée au sérail ; et les massacres de Chio, et l'empereur Iturbide, et les janissaires massacrés à Constantinople ; et le dernier des Condé, pendu à l'espagnolette d'une croisée ; et Napoléon II, et Léopold Robert, et le baron Gros, et le maréchal Mortier, et Armand Carrel, et le comte Rossi, et les archevêques de Paris, et Gérard de Nerval, et Maximilien ! Hécatombe, hécatombe, hécatombe de morts violentes ! Il n'y a que les paresseux qui meurent dans leurs lits. J'accepte donc la mort violente ; si je meurs ainsi, c'est que je jouerai un grand rôle. »

Les auditeurs furent émerveillés de la mémoire du lycéen. Il avait remué tous ces noms célèbres avec la rapidité d'un prestidigitateur.

Georges du Quesnoy paya encore d'audace.

« Et maintenant, madame, dit-il avec beaucoup de laisser-aller, je vais vous raconter ma mort. »

Il se fit un grand silence; le jeune homme avait décidément conquis tout le monde. On se groupa autour de lui, les femmes avec une inquiétude romanesque, les hommes avec une curiosité railleuse, mais pourtant attentive.

Georges du Quesnoy avait passé sa main sur son front comme pour faire jaillir la lumière dans sa pensée.

« Attendez donc, dit la maîtresse de la maison, on va servir le thé, vous nous direz cette belle histoire tout à l'heure, car je ne veux pas que l'histoire soit coupée en deux. »

La comtesse sonna, on apporta le thé, elle le servit de sa blanche main, mais en toute hâte, comme pour dire : « Dépêchez-vous, la tragédie va commencer. »

Pendant qu'on prenait le thé bruyamment, Georges, replié sur lui-même dans l'attitude d'un chercheur, eut une vision étrange; soit que ce mot : *mort violente*, lui eût fait une profonde impression, soit que la prescience lui montrât un des tableaux de l'avenir, il vit, sous le rayon d'un soleil levant, cet abominable échafaud armé d'un couperet qui s'intitule la guillotine.

« Eh bien, vous ne commencez pas? » lui dit Mme de Sancy.

Il leva la tête et sembla ne plus savoir où il était.

« Pardonnez-moi, madame, lui dit-il, mais j'étais déjà si loin dans mon histoire, que j'oubliais de vous la raconter. »

Cinq minutes après, tout le monde s'était remis en cercle autour du conteur inédit.

Georges du Quesnoy n'était pas fâché d'avoir vu s'ouvrir cette parenthèse entre le titre de son roman et son récit. Il avait pu, tout en causant, ébaucher dans son esprit toute une histoire pour la galerie, mais il avait peur de tomber dans quelques vulgarités rebattues. Les beaux romans sont connus de tout le monde, on ne peut pas les refaire; les mauvais sont toujours nouveaux, mais est-ce la peine de les faire? Il craignait, d'ailleurs, que les choses ne se passassent comme à la lecture de *Paul et Virginie*: au beau milieu de son conte tous les châtelains voisins demanderaient leur carrosse.

« Vaille que vaille, dit-il tout à coup. Je commence. »

Il huma délicieusement sa seconde tasse de thé, du vrai thé chinois, dans du vrai chine :

« Il était une fois...

— C'est un conte, dit une jeune fille, je n'y croirai pas.

— Chut! dit Mme de Sancy avec impatience, il n'y a rien de plus vrai que la *Barbe-Bleue*. J'en connais plus d'un ici qui a eu sept femmes.

— A propos, dit Georges du Quesnoy en se tournant vers la devineresse, vous m'avez dit que je mourrais de mort violente, mais de quelle mort violente? Serai-je pendu? Serai-je fusillé? Boirai-je la ciguë? Me précipiterai-je du rocher de Leucade? Serai-je assassiné? Serai-je guillotiné? »

Après chaque question, le jeune homme mettait un point d'interrogation et un silence, la dame répondait : « Non » par un signe de tête; mais à la dernière question : « Serai-je guillotiné? » elle se tut et porta la main à son cœur.

Et elle fit cela gravement, sans vouloir jouer la comédie, en femme convaincue.

Tout à l'heure elle ne croyait qu'à moitié, maintenant elle ne doutait plus. Elle murmura en se parlant à elle-même :

« Oui, guillotiné. »

Mme de Sancy fit remarquer alors que tout le monde écoutait, même les grillons du foyer.

IV

Mlle VALENTINE DE MARGIVAL

« Il était une fois, reprit Georges du Quesnoy, un bachelier ès lettres qui ne savait rien de la vie, si ce n'est ce qu'on devine ou qu'on apprend dans les livres. Il n'avait pas été plus mauvais écolier qu'un autre, on avait même dit de lui, comme de tous les enfants, que c'était un prodige, parce qu'il avait fait en cinq jours une tragédie en cinq actes sur *l'Enlèvement des Sabines,* laquelle tragédie fut représentée, Romains et Sabines par tous les lycéens de Soissons aux applaudissements de tous les Soissonnais. Ce jour-là on se rappela que Soissons avait eu une Académie.

« Or cet enfant prodige n'était pourtant devenu qu'avec peine un bachelier ès lettres. Il était destiné à la magistrature, il allait bientôt partir pour Paris comme étudiant en droit, heureux d'entrer dans cet enfer du pays Latin, comme d'autres seraient heureux d'entrer dans le paradis de Mahomet, quand il alla passer la soirée dans un château hospitalier qui, au moment des chasses, recevait le dessus du panier des mondains et des mondaines.

« C'est ici que se dessina à grands traits la destinée du lycéen de Soissons, car il rencontra en ce château une sibylle qui en eût remontré à la sibylle de Cumes. En effet, cette jolie sorcière des salons lui prédit ce soir-là, en lisant dans sa main, qu'il serait guil-lo-ti-né, — guillotiné, — guillotiné. Je dis trois fois la même chose, comme les Américains, parce que cela en vaut bien la peine.

« Le lycéen aurait bien pu répondre à la sibylle que la guillotine n'étant pas inventée quand on inventa la chiromancie, il était donc impossible que la guillotine fût marquée dans l'alphabet de la main. Mais le lycéen n'était pas pédant, il passa condamnation sur sa condamnation... »

Georges du Quesnoy en était là de son récit, où plutôt de sa préface, quand on annonça M. de Margival et Mlle de Margival, le père et la fille.

« Je ne les attendais pas si tôt ! s'écria Mme de Sancy ; décidément c'est comme à Paris : quand on va en soirée on y va le lendemain, c'est-à-dire après minuit. »

Mlle de Margival était une pensionnaire à peu près comme Georges du Quesnoy était un lycéen. On n'est plus naïf, on n'est plus ingénue : on garde bien encore en sortant du collége et du couvent une expression de gaucherie et d'embarras qui révèle la candeur, mais cette expression qui a bien son charme est trop tôt corrigée par la désinvolture voulue, que dis-je ! par la désinvolture apprise ; car aujourd'hui c'est une des sciences de l'éducation.

Mlle de Margival fit une entrée radieuse ; elle avait gardé sa pelisse, mais arrivée au milieu du salon, elle la laissa tomber avec un abandon charmant. Une pensionnaire se fut retournée pour la ramasser, mais Mlle de Margival continua à s'avancer vers la maîtresse de la maison, sans s'inquiéter de sa sortie de bal. Elle savait bien, d'ailleurs, que trois ou quatre beaux messieurs du Bois-Doré se précipiteraient pour la recueillir.

« Ma belle enfant, dit Mme de Sancy, vous arrivez tout à point, car M. du Quesnoy nous conte un roman. Que dis-je, un roman ! c'est son roman à lui, non pas le roman qu'il a vécu jusqu'ici, car il a encore sur ses lèvres du lait de sa nourrice, mais le roman qu'il vivra dans sa jeunesse. »

Mlle de Margival prit un air discret et pudique.

« Si c'est un roman, je n'écouterai pas, car les jeunes filles ne lisent pas de romans. »

Elle regarda son père avec un adorable sentiment d'ingénuité.

Le père sourit comme s'il n'était pas bien convaincu que ce fût sérieux.

« Je crois, ma chère Valentine, que tu peux te risquer, car ce doit être ici un roman pour les jeunes filles. »

Georges du Quesnoy n'avait jamais vu Mlle de Margival. Il s'était levé à son approche, il s'inclina devant elle en lui disant :

« Vous pouvez d'autant plus vous risquer, mademoiselle, que mon roman est fini.

— Votre roman est fini? s'écria Mme de Sancy.

— Oui, madame, mon roman est fini parce qu'il n'est pas commencé. »

En disant ces mots, Georges du Quesnoy attachait ses deux yeux bleus sur les yeux noirs de Mlle de Margival.

Ceux qui regardent de près le spectacle de la vie auraient pu voir à cet instant sur le jeune homme et sur la jeune fille ce choc imprévu que les psychologistes appellent l'avant-coureur de l'orage, ou l'entraînement du magnétisme. Pour moi qui ne suis qu'un historien des choses du cœur, j'appellerai cela le premier avertissement de l'amour.

On eut beau faire, Georges du Quesnoy ne voulut pas continuer. Vainement Mlle de Margival, qui semblait fort attristée d'avoir interrompu un roman à son premier chapitre, pria le jeune homme de poursuivre son récit, il s'y refusa avec quelque impatience.

« C'est ridicule, dit-il, de s'amuser aux jeux de l'imagination, quand la vérité est bien plus romanesque. Tout ce que je puis faire, c'est de vivre à pleine coupe et à quatre chevaux, si j'ai de quoi les nourrir, pour avoir l'honneur, l'an prochain, de venir vous conter cette année scolaire, puisque je suis étudiant en droit, à moins que d'ici l'an prochain je n'aie été guil-lo-ti-né. »

Et il apprit à Mlle de Margival comment il avait été condamné à mort par la chiromancienne.

« Ce n'est pas un jugement sans appel? dit la jeune fille.

— Sans appel, mademoiselle.

— Vous aurez le recours en grâce.

— Je veux bien, si c'est vous qui devez me faire grâce.

— Je vous le promets, reprit Mlle de Margival, si je suis reine de France.

— Oh! mon Dieu, mademoiselle, il ne faut pas toujours être la reine pour avoir droit de grâce.

Et puis pourquoi ne seriez-vous pas reine de France?

— N'est-ce pas? »

Et la jeune châtelaine s'éloigna avec une attitude toute royale.

C'en était fait de la soirée, les voisins de campagne avaient demandé leurs breacks ou leurs calèches; les invités de Paris aspiraient à leur chambre à coucher. Plus d'un n'était pas fâché de n'avoir pas à subir le roman du lycéen. Mme de Sancy seule regrettait que la soirée ne se continuât pas jusqu'à l'aurore, tant elle avait peur de la nuit.

C'est que la nuit, de par un acte de l'état civil et par une cérémonie religieuse, elle était bien et dûment la femme légitime du comte de Sancy-Lépinay, un provincial s'il en fut, — un mari s'il en sera, — car pour lui le mariage n'était pas une chambre à deux lits. Il y a des hommes qui se marient pour avoir une dot, le comte de Sancy-Lépinay s'était marié pour avoir une femme.

Mais ce n'est pas là notre histoire!

V

LE MONDE DES ESPRITS

A quelques jours de là, il y avait encore une soirée chez la comtesse. Mais cette fois le salon était presque désert, les Parisiens s'étaient envolés, il n'y avait plus que les voisins de campagne et la jolie sorcière, qui passait l'automne au château. A cette autre soirée, Georges du Quesnoy amena son frère Pierre.

Pierre du Quesnoy était l'aîné. Sorti du collége depuis Pâques, il ne voulait rien faire, si ce n'est des vers; selon lui, vivre en communion avec Dieu et la nature, c'était toute la vie.

Quoique son père lui eût souvent représenté

que le devoir de tout homme digne de ce nom est de vivre avec les hommes ; quoiqu'il lui eût répété sans cesse qu'il n'avait pas de fortune pour vivre les bras croisés, le jeune homme n'en démordait pas, tant la poésie est aveugle en sa passion.

Il vivait très-solitaire, tantôt chez son père, tantôt réfugié dans un petit pavillon de chasse attenant à une ferme de deux cents arpents, qui était toute la fortune de la famille. Il vivait de rien, rêvant, chassant, écrivant, tout aux livres et aux bois. Quand son père lui reprochait son *far niente*, il lui répondait : « Faut-il donc tous les biens du monde pour vivre ? »

Beaucoup d'esprits sont ainsi pris par la rêverie en la première année de la vraie jeunesse ; les uns par paresse poétique, les autres dans la peur de l'action. Il est si difficile de bien faire et il est si facile de ne rien faire !

Georges du Quesnoy présenta son frère à la devineresse.

« Madame, je vous présente le plus beau paresseux des temps modernes. Je serais bien curieux de savoir ce que celui-ci a dans la main. Je crois qu'il n'a rien du tout. Et pourtant ce n'est pas faute de cœur ni faute d'esprit. »

La jeune dame prit la main de Pierre.

« Voyons, dit-elle, j'aime les mains des jeunes, car je ne suis pas de celles qui prédisent ce qui est déjà arrivé. »

Elle étudia silencieusement la main.

« C'est incroyable, dit-elle tout à coup. L'alphabet n'est pas bien formé, des lignes indécises comme dans la main d'un enfant, rien n'est accentué, on voit bien que M. Pierre du Quesnoy n'a pas encore tenu pendant toute une heure la main d'une amoureuse, car rien ne marque les lignes comme cela.

— Enfin que voyez-vous? demanda Georges avec une vraie curiosité.

— Des prédictions vagues, comme pour le premier venu; ce n'est pas la peine d'en parler. Attendons que la ligne de l'amour et de la fortune ait mieux sillonné la main.

— Mais encore? dit à son tour Pierre du Quesnoy. »

La jeune dame laissa retomber la main.

« Rien, vous dis-je. »

Mais en disant cela, une grande expression de tristesse s'empara de la figure de la devineresse.

« C'est ma main qui vous a fait pâlir? lui dit Pierre du Quesnoy.

— Non, monsieur, répondit la dame en se levant, c'est un souvenir de deuil qui a traversé mon esprit. »

La comtesse de Sancy alla vers son amie :

« Ma chère belle, pourquoi ce visage renversé? »

La devineresse se pencha à l'oreille de Mme de Sancy.

« C'est étrange, dit-elle, cette famille est prédestinée, car celui-là périra de mort violente comme son frère.

— Allons donc!

— Vous verrez cela. »

Georges du Quesnoy, qui écoutait aux portes, avait entendu. La prédiction faite à lui-même ne l'avait pas ému beaucoup, mais cette fois c'était plus que sérieux. Il devint pensif, tout en murmurant :

« Cette femme est une folle ou une voyante. »

La chiromancienne aussi avait entendu.

« Voyante, et pas folle, dit-elle tout haut. Puisque vous venez de faire votre philosophie et que vous croyez encore à la poésie, n'oubliez pas que les philosophes et les poëtes, Socrate comme Aristophane, Descartes comme Byron, ont tous été superstitieux, parce que tous les grands esprits ont entrevu le monde surnaturel. Ce sont les puissances occultes qui mènent le monde. Les Orientaux nomment Fagio les esprits qui donnent la mort aux hommes ; car tous ne meurent pas de maladie. Et encore, qui a donné la maladie ? »

Georges du Quesnoy voulut railler.

« Ah ! oui, la fièvre maligne, cela vient des esprits malins.

— Je ne ris pas. Il n'y a qu'une seule maladie : la décomposition du sang. Or la décomposition du sang vient toujours d'une cause morale. C'est l'âme qui tue le corps par les passions ou par les chagrins. Les Orientaux reconnaissent surtout l'esprit invisible — le Fagio — qui frappe de mort soudaine. Voulez-vous un exemple ? Le sultan Moctadi-ben-Villa dit un jour à une de ses femmes : « Pourquoi ces gens sont-ils entrés ici ? » La femme regarda et dit qu'il n'y avait personne. Mais au même instant elle s'aperçut que le sultan pâlissait. « Chassez ces gens, » reprit-il. Disant ces mots, il expira.

— Tout cela, dit Georges du Quesnoy, ce sont des contes arabes des *Mille et une Nuits*.

— Des histoires des *Mille et une Nuits?* Voulez-vous que j'ouvre l'Évangile pour vous convaincre, monsieur l'esprit fort?

— Oui, ouvrez donc l'Évangile. »

Il y avait là, sur la table, l'Évangile illustré par Moreau le Jeune.

La chiromancienne se leva pour le feuilleter.

« Tenez, dit-elle, voilà tout justement le cinquième chapitre de l'Évangile selon saint Marc. Lisez vous-même. »

Georges lut qu'une légion d'esprits impurs, possédant un pécheur, s'accrochaient à sa vie *pour le fixer* jour et nuit *dans les sépulcres et sur les montagnes*, où les légionnaires infernaux imposaient tous les sépulcres à ce pauvre homme. « Comment te nommes-tu? » lui demanda Jésus. « Je me nomme légion, parce que nous sommes innombrables. »

« Ah! reprit Mlle de Lamarre, vous ne croyez pas aux esprits, mais l'Évangile, le livre des livres, les consacre à chaque page. Saint Luc ne vous dit-il pas que tout homme est une maison pour les esprits flottants? « Lorsqu'un esprit impur est sorti d'un homme, il s'en va par des lieux arides cherchant la solitude, mais comme il ne trouve pas le repos, il dit : « Je retournerai « dans ma maison. » Y revenant, il la voit belle et parée; alors il s'en va prendre sept esprits plus méchants que lui et il leur dit : « Entrez dans ma « maison, voilà votre demeure. »

Georges relisait l'Évangile avec surprise.

« On sait tout, dit la chiromancienne, excepté l'Évangile.

— Oui, reprit Georges, l'Évangile ne parle que par parabole et par symbole : les sept hommes plus méchants que le premier esprit, qui font élection de domicile chez le pauvre pécheur, ce sont les sept péchés capitaux !

— Qu'importe ! qui vous dit que les sept péchés capitaux ne sont pas des esprits? Saint Augustin, qui n'était pas un esprit faible, non plus qu'un esprit fort, connaissait bien ces ambassadeurs de Satan. Dans la *Cité de Dieu* qui est son Évangile, ne vous dit-il pas : « Veillez, veillez sur vous-même, « car ces natures perfides, subtiles et familières « à toutes les métamorphoses, se font tour à tour « Dieu, démons ou âmes de trépassés : heureux « qui leur échappe ! » Avant saint Augustin, saint Paul n'avait-il pas dit : « Satan lui-même se « déguise en ange de lumière pour nous mieux « tromper » ?

— Pour trouver le diable, dit gaiement Georges du Quesnoy, Mlle de Lamarre va appeler à son aide tous les saints du calendrier.

— Voulez-vous que je vous cite Socrate et Platon? Ceux-là ne croyaient ni à l'Olympe ni au Paradis, mais ils ont reconnu l'existence des anges. Qu'est-ce que la magie? Une fenêtre ouverte sur le monde mixte placé en dehors de nous, composé d'âmes en peine, celles-ci esclaves du mal, celles-là déjà libres pour le bien. »

Mlle de Margival, qui venait d'arriver, s'était approchée de Mlle de Lamarre, sous prétexte de feuilleter l'Évangile, mais au fond c'était pour voir de plus près Georges du Quesnoy.

« Tout cela, dit-elle, ce ne sont que des paroles; puisque vous parlez magie, faites-nous voir le diable.

— Le diable, dit Mlle de Lamarre, je ne crois pas que je le trouverai chez moi. Mais je pense qu'il ne faudrait pas se donner beaucoup de peine pour le trouver un jour chez M. Georges du Quesnoy.

— Eh bien, mademoiselle, dit le jeune homme en s'inclinant vers la jeune fille, ce jour-là je vous ferai voir le diable. »

Ils causèrent tout un quart d'heure — à l'américaine — dans la première ivresse d'un amour imprévu.

VI

LES BUCOLIQUES

Le lendemain, Georges du Quesnoy alla encore se promener aux lisières du parc du château de Margival, s'imaginant voir réapparaître dans les lointains cette adorable vision qui l'avait enchanté l'avant-veille. Mlle de Margival la lui avait rappelée ; mais, en la regardant bien, il n'avait pas reconnu cette belle fille svelte, qui semblait s'envoler en marchant, cette figure de séraphin, cette blancheur rosée, ces attitudes idéales qui appartenaient tout à la fois à l'ange et à la femme.

Quoiqu'il fût moins rêveur que son frère le poëte, il aimait à s'isoler dans ses songes. La méditation n'était pas profonde, mais, comme son âme était ardente, il s'abandonnait à tous les méandres de la pensée, sans souci des choses extérieures. Selon l'expression de Swedenborg, « il ne lui fallait qu'un instant pour sortir de chez lui et monter au septième ciel ».

Aussi, oubliant bien vite que le parc n'était pas une grande route, il franchit le petit saut-de-loup comme s'il passait dans ses terres. C'était le côté du parc le plus solitaire et le plus boisé. En le voyant faire, le garde champêtre ne l'eût pas appréhendé au corps, parce que M. de Margival permettait aux moissonneurs et aux vignerons de venir puiser de l'eau à une petite source minérale qui jaillissait sous les grands arbres.

Georges s'arrêta devant la source et but dans sa main.

Quand il releva la tête, il murmura avec un sourire de joie : « Ah ! la voilà, la voilà encore. » Il venait de voir à une portée de fusil, à travers les ramées, sa chère vision, blanche, légère, belle comme l'avant-veille. Elle n'effeuillait plus de roses et elle semblait pensive. Il vit bien que décidément ce n'était pas Mlle de Margival. Il marcha rapidement, décidé à aborder cette belle inconnue, mais ce fut toujours le même jeu : plus il s'avançait, plus elle s'éloignait. Il ne désespérait pourtant pas de l'atteindre, quand tout à coup Mlle de Margival, débusquant d'un massif, lui apparut à son tour, effeuillant des marguerites.

« En vérité, dit Georges du Quesnoy, il y a de la féerie dans ce château. »

Quoiqu'il n'eût pas frappé à la porte pour entrer, il jugea qu'il ne pouvait moins faire que de saluer Mlle de Margival.

La jeune fille le salua à son tour avec une grâce de pensionnaire émancipée.

Elle voulut rebrousser chemin, comme si elle fût fâchée d'être surprise ainsi consultant l'oracle ; mais comme, après tout, elle demandait à la marguerite si M. Georges du Quesnoy l'aimerait un peu ou beaucoup, passionnément ou point du tout, elle trouva bien naturel de lui accorder une audience sous la voûte des cieux. Donc, après ce que nous appellerons une fausse sortie, elle vint bravement à la rencontre du jeune homme.

Ils s'abordèrent avec quelque embarras, tout en voulant cacher tous deux leur timidité ou leur émotion :

« Mademoiselle...

— Monsieur... »

Et un silence glacial tomba devant eux.

« Mademoiselle, reprit Georges, vous habitez un château enchanté.

— Je ne trouve pas, monsieur. Où voyez-vous qu'il soit enchanté?

— Primo, mademoiselle, vous l'habitez ; secundo, il y a une autre jeune fille qui m'est déjà apparue deux fois comme dans les contes de fées.

— Tertio, monsieur, vous êtes un visionnaire. »

Mlle de Margival, qui, au fond, n'était pas timide, qui promettait même d'être une femme sans peur, sinon sans reproche, avait repris pied et maîtrisait son émotion.

« Je vous jure, mademoiselle, que tout à l'heure j'ai vu là-bas, plus loin que les marronniers, une jeune fille passer en robe blanche, légère comme une ombre.

— Et d'abord, monsieur, vous conviendrez que la robe blanche n'est pas de saison.

— Ma foi, mademoiselle, quand on est chez soi...

— Chez soi! dans un parc qui est ouvert à tout le monde.

— Je ne puis le nier, puisque j'y suis moi-même.

— Oh! vous, vous n'êtes pas tout le monde, vous êtes de nos amis depuis hier. »

Georges s'inclina.

« Mademoiselle, avez-vous une sœur? une cousine? une filleule?

— Ah! oui, vous revenez à votre vision. Eh bien, la vérité, c'est que je n'ai ni sœur, ni cousine, ni filleule; c'est qu'il n'y a au château que mon père et moi, avec un jardinier, un valet de chambre, une cuisinière et une femme de chambre, qui ne sont pas du tout en robes blanches.

— C'est que vous ne connaissez pas cette jeune fille, mademoiselle. Puisqu'après tout ce parc est ouvert à tout venant, il n'est pas impossible qu'une demoiselle du voisinage y soit venue cueillir des fleurs. »

La jeune fille s'inclina à son tour, comme si elle jugeait que l'entrevue avait duré assez longtemps. Elle avait peur que son père ne survînt.

« Adieu, mademoiselle, dit Georges du Quesnoy, qui s'était enhardi; me permettez-vous de continuer ma promenade dans le parc et de recueillir, une à une, tous les pétales des marguerites que vous avez effeuillées?

— Non, monsieur, dit Mlle de Margival en rougissant, je ne veux pas que vous sachiez ce que m'a dit la marguerite.

— Mademoiselle, je le sais, la marguerite vous a dit : passionnément. »

Mlle de Margival s'était éloignée de quelques pas.

Georges venait de cueillir, lui aussi, une marguerite.

« Ce n'est pas la peine de la consulter, n'est-ce pas, mademoiselle, car elle me répondra : Point du tout. »

Valentine se retourna. Jamais un pareil éclair ne jaillit des yeux d'un jeune homme et d'une jeune fille.

VII

POINT DU TOUT

Le dimanche, à la messe, on se regarda encore; la messe parut trop courte à ces fervents catholiques. Au sortir de l'église, Georges du Quesnoy salua M. de Margival, qui lui tendit cordialement la main; mais Mlle de Margival semblait ne l'avoir jamais vu. La calèche du château attendait sous les arbres, à côté de l'église. Comme le comte y conduisait sa fille, le suisse, encore armé de sa hallebarde, vint lui dire qu'il y aurait le lendemain conseil de fabrique, et que M. le curé, qui retirait son surplis, voudrait bien en causer avec lui. Il était question d'une chaire à prêcher. Le comte retourna à l'église pour causer avec le curé. Mlle de Margival se retrouva donc seule un instant avec Georges. Pour cacher son émotion elle lui demanda, d'un air un peu railleur, s'il était revenu de ses visions. Il lui répondit qu'il était plus visionnaire que jamais, puisqu'elle-même lui apparaissait à toute heure.

On se regarda encore comme à la rencontre dans le parc.

« Est-ce que vous me permettrez, mademoiselle, de franchir demain le saut-de-loup, rien que pour cueillir une marguerite?

— Non, monsieur, pas demain, parce que je n'y serais pas; mais aujourd'hui si vous voulez.

— A quelle heure? »

Avant de répondre, Mlle de Margival réfléchit un peu.

Je ne sais pas si le diable qui perdit Marguerite à la porte de l'église vint troubler l'âme de la jeune fille, mais elle répondit : « A six heures, » tout en se disant que son père ne serait pas au château à cette heure-là.

M. de Margival devait dîner chez Mme de Sancy. Dîner de libres paroles d'où toutes les jeunes filles étaient exclues.

M. de Margival reparut presque aussitôt avec M. le curé.

Georges du Quesnoy le salua une seconde fois, tout en jetant ce mot à Mlle de Margival :

« Passionnément. »

A quoi elle riposta par :

« Point du tout. »

Comme Georges du Quesnoy avait déjà de la malice philosophique, il jugea que ce *point du tout* était un aveu. Si Mlle de Margival avait voulu briser sur ce point délicat, elle se fût contentée de ne pas répondre.

Georges retourna chez lui l'âme pleine d'amour, l'esprit plein d'espérance. Mlle de Margival, quel que fût le point de vue, était une bonne fortune : pour l'amoureux elle était belle, pour l'ambitieux elle était riche, pour le glorieux elle était noble.

La question serait de décider le père, non pas à dire *point du tout*, mais à dire oui. Georges

pensa que ce ne serait point chose aisée, car
M. de Margival était une des personnalités du
pays; il devait rêver pour sa fille, à qui il don-
nerait trois ou quatre cent mille francs de dot,
un mariage politique, nobiliaire, diplomatique.
Georges aurait beau se hausser sur la pointe de
ses pieds, il ne pourrait faire grande figure devant
M. de Margival. Son père était fort honorable,
légèrement drapé dans sa noblesse de robe, mais
il ne pouvait montrer un blason sur fond d'or. A
peine donnait-il à ses trois enfants chacun cinquante mille francs pour le jour de leur mariage.
Mais il y avait un autre abîme entre Georges et
Valentine, c'est qu'ils étaient presque du même
âge. L'échappé de collége n'avait pas de temps
devant lui pour arriver à quelque chose de sérieux
qui pût plaider en sa faveur. Il ne serait pas encore
avocat, sans doute, que déjà la jeune fille aurait
donné sa main.

Toutes ces réflexions n'empêchaient pas Georges
d'être très-heureux de son amour et de l'amour
de Valentine, car décidément il prenait le *point
du tout* pour l'argent comptant de l'amour.

Rentré à la maison, il dit à son frère :

« Tu n'as jamais été amoureux, toi?

— Moi, je le suis tous les jours.

— De qui?

— De toutes les femmes, ici, là, partout, plus loin.

— Je connais cela; c'est le contraire de l'amour. C'est égal, puisque tu es poëte, fais-moi des vers à ma beauté.

— Ta beauté! qu'est-ce que cela?

— Cela, c'est Mlle Valentine de Margival.

— Tu es fou, une orgueilleuse qui te mettra à ses pieds.

— Eh bien, qu'elle me mette à ses pieds, je me charge de la faire tomber dans mes bras.

— Comme tu y vas.

— Oh! moi, je ne suis pas pour les rêveries platoniques.

— Tu es venu, tu as vu, tu as vaincu.

— Voyons, fais-moi des vers, je les enverrai demain matin dans un bouquet.

— Et tu les signeras?

— Pas si bête; mais elle saura bien qu'ils sont de moi. »

Pierre avait pris son crayon et ébauchait déjà des alexandrins.

« C'est si difficile d'écrire en prose ! dit Georges.

— C'est si facile d'écrire en vers ! dit Pierre. Vois si j'ai traduit ton cœur.

— Déjà ! »

Et il lut :

Vous êtes à la fois la Grâce et la Beauté :
Votre sein chaste et fier dans la neige est sculpté,
Vous avez le pied fin, vous avez la main blanche ;
Votre cou, c'est le lys que le vent d'avril penche ;
Vos yeux ont dérobé les feux du firmament,
Et vos regards mouillés versent l'enchantement.

Valentine, croyez ma bouche où le mensonge
Ne passera jamais : l'amour est un beau songe
Qui nous prend à minuit et nous réveille au ciel,
Pour nous nourrir de lait, d'ambroisie et de miel.

C'est une chaîne d'or traînée avec délices,
Un doux parfum venu des plus chastes calices,
Une larme, une perle, un sourire, un rayon,
Une gazelle, un loup, une biche, un lion,
Une source où jamais l'on ne se désaltère...
Valentine, l'amour c'est le ciel et la terre !

« Mais c'est admirable, s'écria Georges, je n'aurais jamais trouvé cela.

— C'est parce que tu n'es pas si bête que moi, comme tu dis toujours.

— Vous autres poëtes, vous êtes comme des marchands de nouveautés. Vous avez des rayons pour tous les sentiments : étoffes de printemps, étoffes d'automne.

— Oh mon Dieu! oui, dit Pierre; quand tu voudras des imprécations contre ta beauté, tu viendras encore frapper à ma porte, je te donnerai cela à juste prix. »

Georges embrassa bien familialement Pierre.

Ces deux frères étaient des frères amis qui s'étaient toujours beaucoup aimés. Ils étaient nés à un an d'intervalle, si bien qu'ils avaient traversé, les mains dans les mains, l'enfance et la première jeunesse, ne se disputant jamais les jouets et se battant l'un pour l'autre avec une bravoure touchante. Ils se rappelaient qu'au lit de mort, leur mère leur avait dit : « Embrassez-vous. »

Et chaque fois qu'ils s'embrassaient, ils sentaient que leur mère était encore avec eux.

Ce soir-là, Georges eut des larmes dans les yeux en embrassant Pierre, des larmes pour sa mère et des larmes pour Mlle de Margival.

« Comme je voudrais que tu fusses heureux, dit Pierre en embrassant Georges à son tour.

— Et moi aussi, dit Georges en reprenant sa gaieté, car je n'ai pas de temps à perdre, puisque je dois mourir de mort violente. »

VIII

LES ÉTOILES

Le lendemain matin, Mlle de Margival, se promenant dans le parc, vit venir à elle une paysanne qui lui présenta un bouquet.

« Oh! les belles fleurs! d'où cela vient-il?

— De partout, répondit la paysanne avec un sourire malin. Je les ai cueillies par-ci par-là pour vous les offrir.

— Oui, ce sont des fleurs des champs, n'est-ce pas? Elles sont si jolies, si jolies, si jolies, qu'on dirait des fleurs artificielles. »

Vrai mot de paysanne. Celle qui était devant

M{{lle}} de Margival regarda autour d'elle pour s'assurer de la solitude.

« Voyez-vous, mademoiselle, dans les fleurs des champs il y a le langage des fleurs.

— On vous a appris cela au catéchisme?

— Non, à la veillée. Quand vous serez dans votre chambre vous prendrez chaque fleur une à une et elles vous diront ce que vous voulez savoir.

— Je ne connais pas le langage des fleurs.

— Mademoiselle veut rire. Quand on sait lire comme mademoiselle, on lit dans les fleurs et dans les étoiles. »

M{{lle}} de Margival ne rentra pas dans sa chambre pour questionner le bouquet. Elle s'enfonça dans une avenue ténébreuse de châtaigniers où elle était sûre de ne pas rencontrer son père. Elle ne doutait pas que le bouquet ne vînt de Georges du Quesnoy. Elle avait trop l'esprit féminin pour ne pas deviner que le langage des fleurs c'était une lettre du jeune homme.

C'était mieux qu'une lettre, puisque c'étaient les vers de Pierre.

« Chut! ça brûle, » dit-elle en mettant les vers dans son sein.

Mais elle les reprit bientôt pour les relire encore.

« C'est amusant, les amoureux, murmura-t-elle. »

Elle ne disait pas encore : « C'est amusant, l'amour. »

A quelques jours de là, Mme de Sancy donna un bal où se retrouvèrent Georges et Valentine. Ce soir-là, Valentine eut tant de caprices et de coquetteries que Georges souffrit mille morts. Il comprit qu'il ne pourrait jamais retenir dans ses bras cette jeune fille, qui avait soif de toutes les adorations. Mais comme elle le vit triste, elle vint à lui, elle l'emporta dans la valse, elle l'enivra de toutes les ivresses virginales.

Ce qui les charmait et les détachait de la terre tous les deux, c'était ce divin amour qui ne sait encore rien de la passion, qui s'ignore lui-même, tant il s'étonne de ses ravissements, qui n'effleure même pas la volupté, tant il brise les liens terrestres. Amour tout esprit, tout âme, tout cœur. Mais pour être amoureux, il faut être doué, car cela n'est pas à la portée de tout le monde. Combien qui passent à côté et qui vont tout droit à la passion sans avoir entrevu cet adorable vision! Mais Georges et Valentine étaient touchés du rayon divin. Ni l'un ni l'autre n'avait hâte de sortir du paradis pour trouver le paradis perdu.

Un soir, en l'absence de M. de Margival, Georges du Quesnoy était resté plus tard que de coutume; il avait dit à Valentine qu'il ne dînerait pas, espérant que Valentine reviendrait après dîner.

Elle avait pour ainsi dire dîné par cœur, tant elle avait hâte de renouer la causerie interrompue. Et de quoi causait-on? de rien; mais c'était tout. Mlle de Margival était donc revenue bien vite. La nuit tombait; les arbres de l'avenue du château masquaient les nuages empourprés du couchant. Les oiseaux s'appelaient et se répondaient. Déjà l'étoile du soir annonçait une belle nuit. Les deux amoureux ne s'étaient pas encore vus dans le demi-jour. Ils se sentirent plus émus que de coutume. Au plus léger bruit, Valentine se rapprochait de Georges, qui n'osait se rapprocher d'elle. Ils allèrent s'asseoir sur une petite meule de regain ramassé le jour même. Les rainettes criaient dans l'étang, les feuilles devisaient sur les arbres, une chanson lointaine retentissait dans le bois.

Quoique Georges eût horreur des banalités, il ne trouva rien à dire, sinon que c'était une fort belle soirée; ce à quoi Valentine répondit en soupirant, comme la première paysanne venue : « Ah! oui, on est heureux d'être au monde. »

Il ne vint ni à l'un ni à l'autre la pensée d'être plus heureux que cela.

Georges ne songea même pas que dans cette solitude cachée par le bois, presque voilée par la nuit, il lui serait bien doux d'étreindre Valentine et de s'enivrer sur ses lèvres. Elle-même, quoique plus décidée par sa nature et son caractère, n'eut pas un instant peur que Georges ne tentât l'aventure. Elle se sentait si heureuse ainsi, qu'elle ne doutait pas que le bonheur de Georges ne se contentât de ce qui faisait son bonheur à elle.

Peu à peu les étoiles s'allumèrent au ciel. Ils

firent par là un voyage au long cours abordant chez Saturne, débarquant chez Vénus, s'attardant chez Jupiter, prenant pied dans la grande Ourse. Et partout ils s'y créaient une existence enchantée, un amour étoilé, s'il en fut. Deux belles heures se passèrent ainsi à décrocher des étoiles dans le bleu profond des nues.

« C'est un malheur, dit tout à coup Valentine, j'ai trop étudié l'astronomie, la science gâte l'imagination.

— Vous avez bien raison, dit Georges, mais ne croyez pas un mot de la science. Le soleil n'a été créé que pour illuminer la terre, et les étoiles pour illuminer la nuit. Ce ne sont pas des mondes, ce sont des âmes égarées qui sont déjà venues sur la terre et qui y reviendront. »

La cloche du château sonna dix heures.

« Oh! mon Dieu, s'écria Valentine, dix heures à la campagne, c'est minuit à Paris. On va me chercher avec des lanternes si je ne me sauve tout de suite. »

Elle s'était levée. Elle tendit la main à Georges, qui y appuya ses lèvres. Elle trouva cela si naturel ce soir-là, qu'elle pencha en toute candeur deux fois son front vers les lèvres déjà apprivoisées.

Georges baisa et rebaisa les beaux cheveux avec délices. Mais, comme il s'y attendait un peu, elle lui dit :

« Chut! les étoiles nous regardent. »

Leurs âmes s'étaient si bien fondues dans la même idée et dans le même sentiment, que, tandis que Georges, s'en retournant à Landouzy-les-Vignes, s'imaginait que les étoiles lui faisaient une auréole, Valentine, à peine arrivée dans sa chambre, fit signe aux mêmes étoiles de venir jusque sur son oreiller.

IX

DAPHNIS ET CHLOÉ

Ces fraîches promenades dans le parc de Margival furent la vraie jeunesse de cœur de Georges et de Valentine. Ils étaient nés à l'amour; ils n'étaient pas nés à la passion. C'était l'aube vermeille et rieuse, c'était le soleil à ses premiers rayons, s'éblouissant lui-même à tous les diamants et à toutes les perles de la rosée. Plus tard, ils dirent tous les deux : « O mes fraîches promenades dans le parc de Margival, qui donc me les rendra! »

C'est que les arbres, les arbustes, les buissons,

les herbes et les fleurs, le ciel dans l'étang, le parfum des roses, la senteur pénétrante des foins coupés, le bourdonnement des abeilles, les molles secousses de la brise, le gai sifflement du merle, la chanson interrompue du rossignol, les mille bruits, les mille couleurs, les mille aromes, la nature, en un mot, était sympathique à leur amour. C'était le fond du tableau, c'était le cadre enchanteur.

Le soir, Valentine rentrait dans sa chambre, tout enivrée, mais prise par les mélancolies, et elle se disait : « C'est donc triste d'aimer? »

C'est triste, mais c'est doux.

Qu'est-ce que la tristesse, d'ailleurs, sinon la porte ouverte sur l'infini? Quand le peintre flamand Kalft met une rose toute fraîche sur ses têtes de mort, il exprime une idée et un sentiment. L'amour touche la mort, parce que, dans ses gourmandises de temps et d'espace, il juge que la vie ne dure qu'un jour et qu'il ira plus loin que la vie. La tristesse, c'est l'aspiration au lendemain.

C'était bien avec les mêmes battements de cœur que Georges rentrait dans sa chambre. Quand il avait vu Valentine, il ne voulait parler à personne, tant il avait peur de perdre les trésors de son cœur. Il lui semblait qu'il emportait dans ses bras toute une gerbe de souvenirs. Il les savourait un à un avec une joie ineffable. Sa fenêtre donnait du côté de Margival. Quel que fût le temps, il y restait deux longues heures, l'œil perdu dans les étoiles, comme s'il dût y rencontrer le regard de Valentine. Il se promettait déjà les contentements, les troubles, les ivresses du lendemain. Or, le lendemain, si Valentine lui avait donné rendez-vous pour deux heures, il partait après le déjeuner de midi, pour arriver une heure trop tôt, tant il aimait le chemin. Il s'amusait à battre les buissons, grand écolier indiscipliné, qui fait déjà l'école buissonnière dans la vie. On sait déjà que de Landouzy-les-Vignes à Margival il n'y a pas une heure à pied. Le chemin tout sinueux est lui-même indiscipliné ; c'est le vieux chemin primitif qui va, qui vient, serpentant ici, de là, se perdant sous les touffes ombreuses, se retrouvant dans la vigne, sautant les ruisseaux et s'attardant à la montagne. Rien n'est plus pittoresque : tantôt à fleur de terre, tantôt caché par les talus tout égayés d'épines et de sureaux. Aussi ce chemin était aimé de Pierre comme de Georges.

« Tu ne t'imagines pas comme je cueille des rimes de ce côté-là! » disait Pierre.

Il accompagnait souvent son frère au départ, mais ils se quittaient en route, le poëte entraîné par la solitude, comme l'amoureux par l'amour.

Quoiqu'il ne voulût pas être indiscret et qu'il craignît de rencontrer M. de Margival, Georges du Quesnoy arrivait toujours dans le parc avant l'heure. Valentine elle-même devançait l'aiguille, elle venait chaque jour avec une émotion grandissante. Quand elle s'approchait du saut-de-loup du côté des bois, c'était avec de violents battements de cœur. Elle pâlissait et n'osait regarder, peut-être d'ailleurs aimait-elle mieux être surprise, quoiqu'elle eût des yeux de lynx. C'est ce qui arrivait souvent. Georges l'attendait sous une touffe de châtaignier et débusquait à son passage, elle tressaillait et s'arrêtait court. « C'est vous! — Déjà! — Si tard! — Il y a un siècle! — Quelle joie! » Les premières fois on se donnait la main, on en était arrivé à s'embrasser, je me trompe, Valentine inclinait le front et Georges lui baisait les cheveux.

C'était tout. Que faut-il de plus aux vrais amoureux qui ne veulent pas égorger l'oiseau qui chante, à ceux qui craignent de sauter des pages dans le roman de l'amour, à ceux qui veulent ouïr toute la gamme qui résonne dans le cœur?

Bienheureux les amoureux qui commencent leurs rêves dans les *Idylles* de Théocrite, dans les *Bucoliques* de Virgile, dans les *Églogues* de Longus. Les merveilleux bouquets que les Parisiens payent cinq louis pour envoyer le matin à leurs maîtresses n'auront jamais le parfum de la violette et de la primevère que les amants rustiques cueillent ensemble sur la lisière du bois ou dans la prairie. Il y a aussi loin d'un bonheur à l'autre que de la forêt de l'Opéra à la forêt du bon Dieu.

Cette aventure romanesque promettait des chapitres charmants; par malheur elle n'alla pas plus loin, car, le lendemain, M. de Margival dit à sa fille:

« Que dirais-tu s'il te fallait habiter Vienne, Rome ou Saint-Pétersbourg? »

Valentine demeura d'abord silencieuse.

« Par exemple, voilà une étrange question. Je dirais que j'aime mieux habiter Paris.

— Tu fais semblant de ne pas me comprendre, mais tu sais bien ce que je veux dire.

— Oui, mon père, je sais bien ce que tu veux dire. Je sais que tu en tiens pour la diplomatie. Je sais qu'il me serait fort désagréable d'avoir trop chaud à Rome, et trop froid à Saint-Pétersbourg. Ce n'est pas une vie, celle-là. Tu veux donc m'exiler?

— Non, j'irai partout où tu iras. »

Mlle de Margival était devenue pensive.

« Tu disposes de ma vie, mais si j'avais disposé de mon cœur?

— Ton cœur, tu ne connais pas cela. Le cœur, vois-tu, ma fille, c'est la raison, c'est le devoir, c'est la vertu.

— Je crois que je le sais mieux que toi : le cœur, c'est le droit d'aimer qui on veut.

— Tu dis des folies. »

Et M. de Margival, qui permettait bien à sa fille d'être, çà et là, fantasque et volontaire, reprit despotiquement son autorité par la force du raisonnement.

M. de Xaintrailles, déjà allié à sa famille, était second secrétaire d'ambassade à Saint-Pétersbourg. Il était question de le nommer premier secrétaire à Rome ou à Vienne.

Il n'était pas jeune, mais il possédait un demi-million ; il avait de la figure et de l'esprit; on ne pouvait donc pas trouver un mari plus à point pour une héritière qui n'avait qu'une demi-fortune.

Mlle de Margival évoqua l'image de Georges du Quesnoy. Elle le trouvait charmant, mais il était si jeune qu'elle ne pouvait songer à devenir sa femme avant quelques années. Et puis il n'avait ni fortune ni position. Or elle voulait faire bonne figure dans le monde. « Et pourtant je crois que je l'aime, » murmura-t-elle.

Valentine n'était pas précisément de la nature des anges. Née pour la terre, elle avait un peu trop le souci des choses de la terre. Toute jeune, elle avait vu son père pris aux difficultés de toutes sortes parce qu'il se défendait contre les batailles du luxe avec une très-médiocre fortune. Quoiqu'il adorât sa fille, il discutait beaucoup avant de lui donner une robe nouvelle. Valentine aimait le superflu, mais c'était un amour des plus platoniques. Chaque jour elle s'indignait contre l'argent. Mignon cherchait son pays; le pays de Valentine, c'était le luxe.

Et voici comment ces jolies bucoliques furent frappées d'un coup de vent à leur première aurore, sans quoi nous aurions peut-être retrouvé dans le monde moderne les amours pastorales de Daphnis et Chloé.

X

L'AMOUR QUI RAISONNE

Valentine était romanesque. Tout en pleurant elle-même son rêve évanoui, elle songea avec une douce volupté à toutes les larmes que répandrait Georges du Quesnoy. Ne pas aimer dans le mariage, mais savourer les larmes de l'amour, n'est-ce pas déjà une consolation!.. Il était doux à Mlle de Margival de penser que l'adoration de Georges du Quesnoy la suivrait partout; il lui était même doux de penser qu'il ne pourrait être heureux sans elle. « Qui sait, dit-elle avec un sourire amer, si l'amour n'est pas l'impossible? qui sait si l'amour n'est pas un regret? »

Depuis qu'elle lisait des romans, Valentine voyait que tout finissait mal ; depuis qu'elle allait dans le monde, elle s'apercevait que les gens mariés n'étaient pas amoureux. Les romanciers lui avaient appris que le roman de l'amour n'a qu'un beau commencement. N'avait-elle pas eu ce beau commencement?

« Non, dit-elle, ce n'était que le commencement du commencement. »

Un soir, en attendant M. de Xaintrailles, elle repassa les avenues du parc où Georges du Quesnoy avait semé tant de souvenirs. Pourquoi ne vint-il pas ce soir-là?

Elle se rappela le jour où, lui disant adieu, elle avait penché ingénument son front, toute perdue dans ses rêves.

Il l'avait prise dans ses bras avec un sentiment d'adoration sans songer non plus qu'elle à mal faire. Elle s'était envolée comme un oiseau qui a peur d'être attrapé. Mais elle ne s'était pas envolée bien loin et il ne l'avait pas poursuivie. C'était les amours de l'âge d'or.

A ce charmant souvenir elle ne put s'empêcher

de lui en vouloir. « Pourquoi, dit-elle, ne m'a-t-il pas gardée sur son cœur? »

Elle avait peut-être raison : ce sont les hommes qui font la destinée des femmes. Puisque Georges du Quesnoy l'aimait ardemment, profondément, violemment, n'avait-il pas le droit, en vertu des lois de la nature qui sont quelquefois les lois de Dieu de prendre son bien où il le trouvait, car, puisque Valentine l'aimait, c'était son bien. Si le cœur de Valentine avait battu une minute de plus sur le cœur de Georges, elle n'eût pas si légèrement sacrifié son premier amour qui fut son unique amour.

Certes, je ne veux pas faire le moraliste à rebours ; nul plus que moi n'a le souci des grands devoirs de la vie, mais nul plus que moi ne hait les préjugés. Il est des jours où le grand chemin de la vie c'est le chemin de traverse.

Le lendemain Mlle de Margival résista encore à son père avec toutes les mutineries d'un enfant gâté. « Que veux-tu que j'aille faire avec ce M. de Xaintrailles?

— Ma chère Valentine, quand on porte le nom

de Margival, on ne peut pas se mésallier. Aimerais-tu mieux épouser un homme qui n'eût ni titre ni nom?

— Peut-être, s'il était jeune comme moi.

— Tu ne dis pas ce que tu penses. Tu es fière comme la princesse Artaban. Si j'avais une dot sérieuse à te donner, je pourrais bien te marier à un comte ou à un baron sans le sou, mais tu sais que ta dot est bien modeste, 200,000 francs à peine; que veux-tu faire avec cela par le temps qui court?

— Eh bien, deux cent mille francs, il y a de quoi vivre deux ans.

— Comme tu y vas! Et au bout de deux ans?

— Qu'importe si ta fille est bien heureuse pendant deux ans?

— Tu es folle, je veux que tu sois heureuse toujours. »

Valentine avait bien envie de dire à son père qu'il lui serait impossible d'être heureuse sans Georges du Quesnoy. Elle n'osa pourtant point, tant elle comprit la distance qui la séparait de ce jeune homme — sans nom, sans titre et sans fortune. — M. de Margival eut l'éloquence des chiffres. Il démontra à sa fille qu'il avait toutes les peines du monde à vivre sans faire de dettes au château de Margival, où certes on ne jetait pas l'argent par les fenêtres. Celles qui ont été élevées dans un château ne veulent pas tomber de leur piédestal de châtelaine. Or M. de Margival prouva à sa fille que, si elle ne voulait pas épouser le comte de Xaintrailles, il serait forcé de vendre son château et d'aller vivre avec elle à Soissons de la vie médiocre des fermiers et des commerçants qui ont fait une petite fortune.

Valentine aimait Georges, mais son orgueil dominait son cœur. Elle frémit à l'idée de ne plus être châtelaine de Margival, de ne plus monter à cheval, de ne plus trôner dans le grand salon, de ne plus poser à la grille du parc pour les paysans émerveillés. Son père lui fit d'ailleurs un tableau attrayant de sa vie future d'ambassadrice, car, selon lui, M. de Xaintrailles serait nommé ministre de France avant cinq ans. Quelle splendeur alors pour elle d'avoir le pas dans toutes les cours étrangères, même à la cour de France dans les jours de congé! Elle avait déjà lu des romans, elle avait jugé que celles qui sacrifient à leur cœur font le plus souvent des sacrifices en pure perte. Voilà pourquoi elle se décida à donner sa main, les yeux fermés, à M. de Xaintrailles.

Ce fut un coup terrible pour Georges du Quesnoy. Jusque-là son amour pour Valentine était riant et lumineux comme un rayon dans la rosée. Il avait entr'ouvert la porte d'or des songes. Il avait retrouvé les clefs du Paradis perdu. Être aimé de Valentine, tout était là! Le réveil fut le désespoir. Il alla se jeter dans les bras de son frère en lui disant qu'il voulait mourir.

« Mourir, lui dit Pierre, tu souffriras mille morts et tu ne mourras pas. Tu l'aimes donc bien?

— Si je l'aime! »

Georges à moitié fou se frappait le cœur avec désespoir comme s'il sentait là tous les déchirements d'une bête féroce. L'amour a des dents aiguës et cruelles; s'il ne se nourrit pas de joie, il se nourrit de douleur. La flèche des anciens était un symbole profond comme tous les symboles de l'antiquité. On a eu beau en faire une plaisanterie rococo de plus en plus démodée, la flèche frappe toujours, et il n'est pas un amoureux jaloux ou désespéré qui ne la sente à tout instant. On a remplacé l'image par un cœur brisé, ce qui n'est pas une image vraie, puisque le cœur n'est pas un vase de Chine ni une coupe de Sèvres. Mais, par malheur, tout est de convention dans l'art de parler et d'écrire, même dans les expressions de la passion, de la douleur et du désespoir.

XI

DÉSESPERANZA

Et comment Georges apprit-il son malheur?
Pendant quelques jours il chercha Mlle de Margival dans le Parc aux Grives sans la rencontrer. Puisqu'elle était au château, pourquoi ne se promenait-elle plus dans le parc? Il envoya encore un bouquet, mais, cette fois, la paysanne qui le portait, toute rusée qu'elle fût, ne put parvenir jusqu'à Valentine. Une grande tristesse s'empara du cœur de Georges. Avec la jeune châtelaine il se sentait le courage d'arriver à

tout, mais sans elle toutes ses aspirations tombaient à ses pieds. D'où venait qu'elle se cachait pour ne plus lui parler? Il n'avait pas perdu toute espérance, parce qu'il s'imaginait entrevoir Mlle de Margival à travers les rideaux des fenêtres; mais un jour, il comprit que tout était fini, parce qu'une femme de chambre du château, répondant à une de ses questions, lui dit à brûle-pourpoint : « Vous ne savez donc pas que nous nous marions dans trois semaines? »

Ce fut un coup de foudre. Mlle de Margival ne lui avait pas donné le droit de lui demander des explications. Il s'éloigna en toute hâte et il éclata en fureur contre sa destinée. Il interpella le ciel et la terre, le soleil et les arbres, les nuages et les fleurs, naguère témoins de ses joies amoureuses. Il voulut mourir aux pieds de Valentine; il voulut tuer son rival. Vous voyez d'ici toutes les charmantes extravagances d'un amoureux de vingt ans.

« Oui, disait-il, je tuerai cet homme qui me vole mon bonheur. »

Mais tout à coup il vit se dresser devant lui la

guillotine. Il se demanda si déjà la prédiction allait s'accomplir.

« Eh bien, dit-il, qu'elle se marie ! cela ne m'empêchera pas de devenir son amant. »

Le soir même il apprit que Valentine venait de partir pour Paris ; on devait se marier au château, mais il fallait bien aller commander la robe d'épousée et la couronne de fleurs d'oranger.

Le mariage fit grand bruit dans tout le pays, parce que la mariée était belle et qu'elle épousait un quasi-ambassadeur. Tout le monde la trouvait bien heureuse, mais elle-même, quoiqu'elle fît du péché Orgueil une de ses vertus, était-elle bien heureuse ?

Georges du Quesnoy ne le croyait pas.

Il ne voulut pas être témoin de la cérémonie. Trois jours avant les noces il partit pour Paris, sans en demander la permission à son père, mais non sans avoir dit adieu à Valentine dans un sonnet, cette fois rimé par lui, où il annonçait à la jeune fille que le mariage n'était que la préface de l'amour et que le mari n'était que le précurseur de l'amant. Ce fut le trait du Parthe.

Je regrette bien que ce chef-d'œuvre ne soit pas venu jusqu'à moi pour vous l'offrir ici, mais il paraît que Valentine, qui avait déjà vu la lune rousse avant le mariage, le noya de ses larmes et le jeta au feu, — après l'avoir lu, — pour voir une dernière fois briller la flamme de son premier amour, car sans le savoir elle avait aimé Georges du Quesnoy.

Avant d'écrire ce sonnet, Georges avait vingt fois commencé et recommencé une lettre tour à tour terrible et suppliante, où son amour et son cœur éclatait en sanglots, pendant que son esprit éclatait en sarcasmes. Mais, tout bien considéré, quoique cette lettre eût des accents d'éloquence, comme il avait l'esprit critique, il la trouva ridicule.

« Non, s'écria-t-il, il ne faut pas que Valentine garde de moi un mauvais souvenir. »

Voilà pourquoi il avait rimé un sonnet moqueur.

Dès que Georges fut à Paris, l'amour et la jalousie lui furent plus terribles. La grande ville indifférente ne pouvait apaiser ni son cœur ni son esprit. Paris n'a de distractions que pour les initiés. Les arrivants n'y sont pas chez eux, à moins qu'ils ne soient de la franc-maçonnerie, de ceux qui s'amusent partout.

Georges eut hâte de retourner à Landouzy-les-Vignes, où du moins son frère était sympathique à ses angoisses.

Et, d'ailleurs, il voulait être spectateur à son propre drame. Pourquoi n'irait-il pas à la messe de mariage, pour voir la figure que ferait devant l'autel cette belle Valentine qui lui avait promis le bonheur?

Et quelle figure ferait-elle en passant devant lui? car, sans même le regarder, elle le verrait.

Et puis il irait dans la sacristie pour la féliciter, — comme tout le monde. Peut-être oserait-elle le présenter à son mari?

« Ah! mon cher Pierre, dit-il en embrassant son frère, figure-toi que plus je m'éloignais, et plus mon chagrin était violent. Mon cœur m'abandonnait en route; j'étais comme une âme en peine. Je suis revenu, tu me consoleras, — si je puis être consolé.

— C'est la douleur qui tue la douleur. A force de pleurer, on épuise la source des larmes. Aussi ce n'est pas moi qui te conseillerai « de jeter un voile là-dessus. » Il faut oser aborder son malheur de front ; il faut s'y heurter comme dans une attaque à fond de train. Tiens, pour commencer, je vais te jeter en pleine poitrine, comme une arme de combat, la lettre de mariage. »

Pierre passa à Georges une lettre imprimée dans la plus belle anglaise des temps modernes :

« *M. le comte de Margival a l'honneur de vous faire part du mariage de M*^{lle} *Madeleine-Valentine de Margival avec M. le comte François-Xavier de Xaintrailles, secrétaire d'ambassade;*

« *Et vous prie d'assister à la bénédiction nuptiale, qui sera donnée en l'église de Margival le 27 septembre 186.. »*

Dans le même pli, naturellement, se trouvait la lettre de faire-part du comte de Xaintrailles. Georges prit cette seconde lettre, la déchira et la piétina.

« Voilà ce que je ferai de lui un jour, dit-il dans sa colère.

— Tu ferais peut-être mieux de commencer par là, dit froidement Pierre ; c'est lui qui vient te voler ton bonheur, va lui en demander raison. Si tu le tues, elle ne l'épousera pas. »

Et comme Georges saisissait cette idée avec passion, Pierre jeta tout de suite de l'eau sur le feu.

« Non, ne fais pas cela, parce qu'on dirait que tu es fou, parce que tu ne trouverais pas de témoins dans ce pays-ci. Et puis, après tout, le vrai coupable, c'est Valentine. Le comte de Xaintrailles ne te doit rien, tandis qu'elle te doit tout, puisque tu l'aimes. »

XII

QU'IL NE FAUT PAS TOUJOURS
ALLER A LA MESSE

Georges entraîna Pierre à la messe de mariage.

Ils arrivèrent de bonne heure pour ne pas manquer le passage de la mariée.

Mais la mariée, toute à sa beauté, ne voyait qu'elle-même. Elle était rayonnante. C'étaient les vingt ans couronnés de fleurs d'oranger. Rien dans ses yeux ni sur ses lèvres ne révélait que son cœur eût des remords ; elle semblait obéir à ce dicton : « Que le mariage est le plus beau jour de la vie. »

« La cruelle! » dit Georges en la voyant passer.

Il était si agité qu'il sortit de l'église. Que fit-il? Il fuma une cigarette. Aujourd'hui, dans tous les moments tragiques, on commence par fumer une cigarette.

« Que m'importe, reprit-il, qu'elle dise devant Dieu oui ou non à cet homme, puisqu'elle ne m'aime pas? Et, d'ailleurs, puisqu'elle a passé par la mairie, elle est à tout jamais Mme de Xaintrailles. C'est égal, elle ne portera pas ce soir son sourire au lit nuptial, car elle ne l'aime pas et elle ne l'aimera jamais. »

Quoique Georges fût à moitié fou de douleur et de désespoir, il n'avait pourtant pas le dessein de poignarder l'épousée. Mais il voulait, avant la fin de la journée, aller jusqu'à elle, non pour l'injurier, mais pour lui montrer sa pâleur. Il lui dirait : « Vous m'avez tué, et vous riez! »

Mais comment arriver jusqu'à elle? Il ne voulait pas faire un scandale; il avait le respect de son père, comme il avait la peur du ridicule.

Après la messe, quand la mariée monta dans

le coupé du marié, avec la mère de M. de Xaintrailles, il s'approcha d'abord ; mais la haie des curieux le tint à distance. Il s'en retourna désespéré avec son frère, ruminant toujours son dessein de voir face à face Valentine.

Il ne fut pas plutôt de retour à Landouzy-les-Vignes, qu'il revint sur ses pas, décidé, coûte que coûte, à s'aventurer dans le Parc-aux-Grives.

Aussi, à son retour à Margival, il franchit le saut-de-loup du parc, comme si Valentine l'attendait.

Mais Valentine ne vint pas.

Il vit passer dans les avenues les rares invités parisiens en promenade plus ou moins sentimentale.

Comme la mariée n'était pas avec eux, il se flatta de cette idée qu'elle n'avait pas voulu profaner le souvenir de leur amour en amenant le mari là où l'amoureux avait passé.

Valentine n'était pas si poétique, quoiqu'elle fût romanesque. Une jeune mariée a toujours un peu la fièvre ; Valentine avait passé par tant d'émotions de vanité, de coquetterie, d'amour perdu et retrouvé, qu'elle resta toute l'après-midi au salon, à faire la causerie avec les provinciales émerveillées et les Parisiennes revenues de tout.

Le dîner dura trois heures comme un vrai dîner de province, quoique la marquise eût donné des ordres pour que ce fût un dîner napoléonien. Après le dîner, un orchestre à peu près improvisé appela les danseuses sous les armes.

M. de Xaintrailles, qui n'avait pu s'arracher à cette fête, quoiqu'il eût bien voulu emmener sa femme après la messe, ouvrit le bal avec la mariée. Mme de Sancy, qui faisait vis-à-vis avec un des témoins, le vicomte Arthur de la —, dit étourdiment :

« Vous êtes témoin du marié ; eh bien, vous serez témoin qu'il sera marri.

— Je n'en doute pas, dit l'ambassadeur à Constantinople, puisque vous lui avez donné la plus belle fille du monde.

— Elle est arrière-petite-cousine de Mme de Montespan. Je crois qu'elle est bien de la même famille.

— Prenez-y garde. Lauzun disait de Mme de Montespan : « Elle est de celles-là à qui il faut deux hommes pour avoir raison d'elles, un le matin et un le soir.

— Ah! si Valentine avait épousé Georges du Quesnoy! »

Et, tout en dansant, la comtesse de Sancy raconta l'histoire, qu'elle savait fort mal, des bucoliques de Georges et de Valentine.

M. le vicomte de la —, un Lamartine en prose, reconduisit sa danseuse en lui disant : « Ne craignez rien, je mettrai les deux mondes entre la mariée et son amoureux. Je vais prier le ministre d'envoyer M. de Xaintrailles à Rio ou à Téhéran, car je ne veux pas être témoin... ».

Le témoin du comte s'arrêta sur ce mot.

XIII

LE DERNIER COUP DE MINUIT

A minuit, M. de Xaintrailles trouva qu'il avait bien assez dansé. Je me trompe : que Valentine avait déjà trop valsé. Il tenta de lui faire comprendre que l'heure était venue.

« L'heure de quoi? dit Valentine en se rembrunissant; allez-vous déjà faire le mari?

— Et vous, n'allez-vous pas faire l'enfant? »

Valentine s'indigna, pleura, et... continua à valser.

A une heure, nouvelle prière, — nouvelle rébellion.

A deux heures, le combat finissant faute de combattants, il fallut enfin s'expatrier du salon pour monter à la chambre nuptiale. Valentine pleurait de vraies larmes. Qu'est-ce que le lit nuptial, sinon le tombeau de la jeune fille?

Comme Valentine n'avait plus sa mère, elle était accompagnée de Mme de Sancy.

Vainement le marié avait dit à la comtesse : « Ne vous inquiétez pas, je connais les femmes. »

La comtesse avait répliqué : « Vous connaissez les femmes et les filles, mais vous ne connaissez pas les jeunes filles. »

Il s'était résigné à subir cette suivante improvisée, qui menaçait de mettre deux points sur les i.

« Eh bien, Dieu merci! dit-elle quand elle fut seule avec Valentine ; vous n'avez pas perdu votre temps, ce soir : tudieu! vous valsiez comme une comète.

— Oui, et vous vous figurez peut-être que je me suis beaucoup amusée. Point du tout.

— Pourquoi?

— Parce que j'ai mes idées sur le mariage.

Voyez-vous, le mariage est une fête comme toutes les fêtes, mais une fête sans lendemain.

— Vous êtes une hérésiarque ! je vous ferai brûler en effigie.

— Je voudrais bien vous y voir.

— Mais, ma chère enfant, je m'y suis vue.

— Vous allez me raconter vos impressions de voyage dans ce pays que je ne connais pas ?

— Nous n'avons pas le temps.

— Comment ! nous n'avons pas le temps ! Nous avons jusqu'à demain matin. Vous allez vous coucher avec moi. »

Mme de Sancy leva les bras au ciel.

« Si je faisais cela, le comte me jetterait par la fenêtre. Vous me faites poser, d'ailleurs ; vous savez bien que vous êtes mariée le jour et la nuit.

— La nuit ? jamais !

— Taisez-vous, belle sournoise, on n'est pas revenue du Sacré-Cœur sans savoir que le lit nuptial est le lit nuptial. »

Et, pour tempérer cette parole, Mme de Sancy ajouta bien vite : « Tout ce que l'Église ordonne est sacré. »

Tout en parlant, la comtesse avait commencé à déshabiller Valentine ; les cheveux étaient dénoués, la robe jetée sur un fauteuil, le corset de satin ne tenait plus que par une agrafe.

« N'est-ce pas que j'étais mal habillée ? dit Valentine en retenant l'autre agrafe. Ce Worth n'a pas le sens commun ; il dit que le jour de ses noces une femme est encore une jeune fille ; il m'a surchargée ! C'est ridicule, je lui avais demandé deux doigts de satin sur les épaules, il m'en a mis trois doigts : pourquoi pas une robe montante ? »

Mme de Sancy se mit à rire.

« Voyons, ma chère, il fallait bien laisser quelque chose pour votre mari. »

Valentine se laissa tomber de son haut sur un fauteuil.

« Ah çà, décidément le mari a donc des droits superbes, dit-elle avec un effroi non joué.

— Oui, écoutez plutôt. »

En ce moment on entendit frapper trois coups.

Valentine voulut cacher son émotion à Mme de Sancy, qui lui avait appris à rire de tout.

« Frappez, on ne vous ouvrira pas, dit-elle, sans pouvoir toutefois lever la voix.

— Tout à l'heure, ajouta Mme de Sancy.

— Jamais, reprit Valentine. »

Mais le corset était dégrafé; Mme de Sancy avait dénoué le dernier jupon : elle entraîna Valentine vers le lit.

Cette fois, la jeune mariée prit son rôle au tragique et se remit à pleurer.

« Ce n'est pas ma mère qui me trahirait ainsi, » dit-elle.

Valentine était plus belle encore dans les larmes, sous sa chemise transparente, à demi voilée par ses cheveux.

« Ma foi, sauve qui peut, » s'écria Mme de Sancy. »

Et la comtesse s'envola par une porte dérobée.

Elle reparut presque aussitôt. « Je suis bonne, » reprit-elle. Et elle tira le verrou, pour que le comte pût entrer, jugeant bien que Valentine n'oserait pas lui ouvrir la porte. Après quoi, elle redisparut comme une ombre.

Valentine n'eut pas le temps de faire un monologue. Le comte était entré. Il s'avança doucement vers elle, mais elle se jeta sous le rideau.

Il se passa une scène qui décida de la destinée de ce mariage. Si le comte avait été décidément un homme d'esprit, il n'eût pas joué à l'esprit cette nuit-là; il se fût montré amoureux de Valentine, elle se fût brûlée au feu ; mais quand il la vit en rébellion, se barricadant dans sa vertu et dans sa pudeur, au lieu de la battre par les vraies armes, par la passion et par la force, il escarmoucha à traits d'esprit. Si bien que Valentine fut de plus en plus indignée.

A un moment de paroxysme, elle se précipita du lit à la fenêtre, le menaçant de se jeter du haut de son balcon, s'il ne se hâtait pas de rentrer dans sa chambre.

M. de Xaintrailles continua à rire.

« On a joué cela au Gymnase, dit-il, la comédie s'appelle : *Une femme qui se jette par la fenêtre.* »

Quoique Valentine n'eût pas sérieusement le dessein de se jeter par la fenêtre, elle ouvrit la croisée.

« Georges! Il est là! s'écria-t-elle en se penchant sur le balcon. »

Oui, Georges. Il était là. Il avait toute la nuit erré dans le parc, un revolver à la main, de plus en plus jaloux, de plus en plus furieux, en écoutant les violons et la joie des convives. Il avait assisté, en spectateur invisible, au commencement et à la fin de la fête. Tous les convives étaient partis, mais il était demeuré, comme s'il dût être encore le spectateur de la dernière scène.

Il ne lui avait pas été très-facile de s'approcher du château, quelques convives étant sortis çà et là pour fumer; sans parler des domestiques qui allaient se conter sous les grands arbres les mystères de la journée. Mais il connaissait bien le parc et il avait l'art de s'y cacher, dès qu'il craignait d'être surpris.

Cette fois il était bien seul. Il avait suivi, à travers les rideaux de mousseline brodée, toutes les marches et contre-marches de la chambre nuptiale; vraies ombres chinoises qui ne l'amusaient pas du tout.

Au moment où Valentine ouvrit la fenêtre, il se

demandait s'il n'allait pas, pour que sa folie fût plus accentuée et marquât mieux dans les reportages des journaux, escalader le balcon de la chambre nuptiale, pour se tirer un coup de revolver sous les yeux mêmes de Mme Valentine de Xaintrailles.

Il lui semblait déjà entendre par delà le tombeau le bruit quasi-scandaleux de sa mort. Je dis le bruit quasi-scandaleux, car on ne manquerait pas de dire que s'il s'était tué pour Valentine, c'est qu'elle lui avait donné le droit de se tuer. Il y avait donc un peu de fatuité et un peu de mensonge dans cet acte de désespoir. Il n'était pas fâché qu'on soupçonnât, non pas la femme de César, mais la femme du secrétaire d'ambassade. Disons-le pourtant à la gloire de sa passion : c'était l'amour lui-même qui le poussait à cette folie.

Ne plus pouvoir aimer, c'est la mort : il voulait mourir.

Tout à coup Valentine poussa un cri, et se rejeta sur M. de Xaintrailles, qui était venu à elle.

« Qu'y a-t-il? s'écria le secrétaire d'ambassade.

— Ce qu'il y a! » dit-elle en le repoussant.

En cet instant un coup de revolver retentit.

Georges du Quesnoy ne se tua pas du coup. Le cri d'effroi que jeta Valentine le troubla profondément, sa main vacilla, le coup partit, mais la balle qui devait frapper au cœur ne brisa qu'une côte. Georges chancela et tomba, ne sachant pas encore s'il était tué.

Le sang jaillit abondamment; il se releva et chercha son revolver pour s'achever; mais il avait fait quelques pas avant de tomber; il ne le trouva pas. « Enfin, dit-il, en voyant son sang, c'est peut-être assez pour mourir. »

Il retomba sur l'herbe, tout en regardant la fenêtre de Valentine.

Il espérait qu'elle viendrait sur le balcon, par curiosité sinon par amour.

Ce fut bien mieux. Cette mariée toute déshabillée, qui n'était plus qu'à un pas du lit nuptial, passa en toute hâte une robe ouverte, jeta sur elle un manteau, et, quoi que fît son mari pour l'arrêter, elle courut au jardin, n'écoutant que son cœur, se croyant une héroïne de roman, bravant tout, les devoirs de la jeune fille et de la jeune femme.

M. de Xaintrailles avait couru après elle, tout affolé de ce coup de théâtre imprévu ; mais elle allait plus vite que lui, connaissant mieux le chemin dans la nuit.

Quand elle fut devant Georges du Quesnoy, elle se pencha sur lui, comme pour le secourir, ne trouvant que ce seul mot :

« Georges ! Georges !

— Ah ! que je suis heureux de vous revoir avant de mourir ! dit Georges ; je voulais frapper au cœur, votre voix a détourné le revolver, mais la blessure est mortelle.

— Non, Georges, vous ne mourrez pas.

— Je veux mourir ! si je me suis manqué, je m'achèverai ; je retrouverai mon revolver. »

Et sa main cherchait toujours dans l'herbe.

« Dieu soit loué ! s'écria Valentine, je l'ai trouvé votre revolver. »

Le comte, qui poursuivait sa femme, la surprit un revolver à la main.

« Valentine ! » cria-t-il avec effroi.

XIV

LA LUNE DE MIEL

Voici quelle fut la fin du premier acte de ce drame en trois actes, qui avait commencé si gaiement, malgré les prédictions de Mme de Lamarre.

Le médecin de Margival fut appelé. Il jugea que Georges ne pouvait retourner chez son père ; il lui donna l'hospitalité.

M. de Xaintrailles avait arraché le revolver des mains de sa femme. La femme du monde avait reparu dans la jeune fille romanesque. Sur les prières de son père, elle s'était résignée à ses devoirs de fille, sinon d'épouse.

Mais ce fût en vain qu'on lui représenta que « l'escapade » de Georges était une action démodée, même sur les théâtres de mélodrame : elle persista dans son for intérieur à trouver que c'était l'héroïsme de l'amour.

Je ne dirai rien de la nuit nuptiale, qui ne commença pas même au chant du coq. Aussi Mme de Sancy disait-elle le soir que le coq n'avait pas chanté trois fois à cause de la catastrophe.

Le lendemain, M. de Xaintrailles brusqua le départ à la fin du déjeuner. Il avait été nommé la veille premier secrétaire à Rome. Il emmena Valentine à Paris, disant qu'il partirait pour Rome à quelques jours de là.

A l'heure même du départ, la jardinière du château portait un admirable bouquet à Georges du Quesnoy.

« D'où viennent ces fleurs? demanda-t-il en cachant deux larmes.

— Vous le savez bien, » répondit la jardinière en s'esquivant.

Georges baisa le bouquet, en s'imaginant qu'il avait été cueilli par Valentine elle-même, dans les sentiers où ils s'étaient tant de fois promenés ensemble.

« Ainsi va le monde, dit le médecin, qui savait un peu cette histoire; c'est peut-être vous qu'elle aime, et c'est un autre qui l'emporte. »

Quand Georges apprit que les mariés avaient quitté le château de Margival, il voulut retourner chez son père; mais le médecin le garda pendant les quelques jours de fièvre. Son frère, venu le premier jour, ne le quittait pas et lui parlait de Valentine.

« Ne te désole pas, le comte a beau l'emmener à Rome, elle te reviendra, par un chemin ou par un autre. »

Un mois après, Georges était sur pied, se trouvant tout à la fois héroïque et ridicule.

C'était au temps où l'École de droit rouvre ses portes. M. du Quesnoy n'avait pas eu le courage de brusquer son fils après le coup de revolver, mais il lui fit comprendre que l'heure de la sagesse était venue.

« Tu n'étais qu'un enfant, tu vas devenir un homme. Quand tu seras avocat, la Cour d'assises te montrera tous les jours où vont ceux que ne contient pas le devoir. »

Georges ne voulut pas repartir pour Paris sans aller rêver une dernière fois dans le Parc-aux-Grives. Il ne voulut pas s'y hasarder en plein jour. On savait dans tout le pays l'histoire du coup de revolver, il craignait d'être surpris en flagrant délit de souvenirs et regrets.

Il y passa une heure au clair de la lune, en se demandant si c'était la lune de miel pour Valentine.

Comme il cherchait les roses des mains plutôt que des yeux, car la nuit était profonde, il vit passer, sous les arbres noirs, cette adorable vision blanche qui avait enchanté son cœur.

Il s'élança pour la saisir, mais elle disparut comme le fantôme d'un rêve. « Et pourtant, se disait-il, je ne suis pas un visionnaire. »

Sans doute, dans son voyage à Rome, Valentine regretta plus d'une fois d'avoir écouté son orgueil plutôt que son cœur. Ce fut en vain que le secrétaire d'ambassade la berça dans toutes les vanités du titre et de la fortune. Elle ne vit pas se lever la lune de miel. « Ah! dit-elle un jour, si Georges était second secrétaire d'ambassade! »

C'était après le premier quartier de lune rousse.

Que devint Valentine à Rome? quelles furent les joies et les peines de ce mariage sans amour? Valentine n'aimait que le titre de son mari, le comte n'aimait que la beauté de sa femme : deux vanités. On ne bâtit pas le bonheur avec ce point d'appui.

Ils commencèrent par éblouir les curieux du Corso par le faste de leur équipage et les modes de Paris. Mais au bout de huit jours ils s'ennuyèrent de poser.

Valentine s'amusa huit jours encore des hommages des princes romains, des marquis désœuvrés et des monsignors curieux, après quoi elle se mit à lire des romans.

Un soir, en fermant un volume de George Sand, elle murmura : « Le vrai roman je l'ai commencé dans le Parc-aux-Grives. »

LIVRE II

LES MAINS PLEINES D'OR

> Si tu ne tues pas ton amour, ton amour te tuera.
> GÉRARD DE NERVAL.

> Regarde ton âme pour voir ta conscience.
> SAADI.

I

LE PORTRAIT FATAL

Six semaines après le mariage du comte de Xaintrailles, Georges reçut, non sans quelque surprise, une photographie représentant Valentine en pied avec ces deux signatures : Carolus Duran et Bertall.

C'était donc une photographie d'après un portrait.

Qui lui avait envoyé cette figure? Il étudia l'écriture de l'enveloppe; c'était une écriture libre et emportée. Valentine ne lui avait jamais écrit, mais, plus d'une fois dans leurs promenades, elle avait ébauché des phrases sur le sable; il ne douta pas que le portrait ne lui fût envoyé par la jeune femme.

Pourquoi? se demanda-t-il.

Un peu plus, il partait pour Rome.

Quelques initiés ont vu ce portrait à l'emporte-pièce, de Valentine de Margival par Carolus Duran. C'était quelques jours après son mariage. Le comte de Xaintrailles avait voulu que M. de Margival ne perdît pas tout à fait sa fille; Carolus Duran, qui est un Espagnol des Flandres françaises, réussit comme par merveille à représenter la femme extérieure et la femme intérieure, la sculpturale beauté, l'ardente curiosité, la despotique coquetterie. Il peignit la future comtesse de Xaintrailles en pied sur un fond rouge, comme il a peint depuis une princesse Bonaparte. S'il n'a pas exprimé toutes les nuances de ce caractère mobile, il a imprimé sur la toile tout l'éclat de la beauté, tout le charme du sourire, toute la fierté du regard, tempérée par les grands cils voluptueusement retroussés. On n'a jamais vu de si beaux yeux nageant dans le bleu.

Comme toutes les beautés, celle de la comtesse de Xaintrailles était discutable, selon qu'elle fût dans le repos ou dans l'action. Quoiqu'elle fût souverainement intelligente, on peut dire qu'elle sommeillait souvent les yeux ouverts. La réflexion éteignait ses yeux et masquait le charme de sa bouche. Pour qu'elle fût belle, il fallait donc que sa figure fût éclairée par le rayonnement. Alors, il n'y avait qu'à mettre un point d'admiration. Mais si la figure s'endormait, les yeux voilés, la bouche close, on avait le temps de remarquer que sa peau n'avait ni le duvet de la pêche ni l'éclat « des roses et des lys ». La chair était trop brune. On pouvait remarquer aussi que la figure était un peu courte quand le sourire n'entr'ouvrait pas la bouche.

Valentine savait bien cela, aussi avait-elle l'habitude, quand elle était seule, de lire, de dessiner, de faire de la tapisserie devant sa psyché ou devant un miroir, car dès qu'elle s'apercevait que sa figure « tombait », elle la relevait soudainement. C'était le coup d'éperon donné à son cheval attardé.

Ce portrait fut fatal à Georges. Il le regardait matin et soir avec adoration et avec colère. C'était l'éternelle tentation qui devait le décourager à jamais. C'était le souvenir sans l'espérance, c'était l'amour sans la volupté, c'était le battement de cœur sans l'étreinte.

II

COMMENT GEORGES DU QUESNOY
ÉTUDIA LE DROIT

Quand Georges du Quesnoy fit son entrée dans le pays latin, c'était en l'une des années les plus prospères du second Empire. Tout le monde avait cent mille livres de rente. Il était impossible d'aller aux Champs-Élysées ou au Bois de Boulogne sans être mordu au cœur du péché d'envie, en voyant s'épanouir aussi follement la haute vie parisienne. Naturellement Georges se dit : « Pourquoi n'aurais-je pas ma part du festin? »

Il excusa presque Valentine d'avoir donné sa main au comte de Xaintrailles. Il comprit que la société dans ses exigences condamne les belles femmes à aller où est la fortune. On n'enchâsse pas les diamants dans du cuivre.

Chaque fois que Georges était venu au spectacle du Paris mondain, il rentrait chez lui avec la rage dans l'âme. Il habitait une petite chambre de vingt francs par mois, qui pouvait faire aimer le travail, mais qui ne pouvait faire aimer la vie. C'était à l'hôtel du Périgord, rue des Mathurins; mais on n'y mangeait jamais de truffes. Quoique Georges ne fût pas habitué aux lits capitonnés, il n'était pas content du tout dans ce lit de noyer traditionnel où cinq cents étudiants s'étaient endormis avant lui, sans autre ambition que de passer leurs examens. Aussi, Georges ne fit pas un long séjour à l'hôtel du Périgord, se risquant déjà à sauter par-dessus les limites de son budget. Son père, en ne lui donnant que deux mille francs par an, lui réservait pour des temps meilleurs le revenu de sa part dans la fortune de sa mère : environ cinquante mille francs. Donc, s'il avait beaucoup de jeunesse à dépenser, il n'avait pas beaucoup d'argent. Avec deux mille francs on peut encore vivre studieusement dans le pays latin, mais à la condition de ne pas passer l'eau, tandis qu'avec deux mille francs sur les boulevards on ne fait que deux bouchées.

Par malheur Georges du Quesnoy passait l'eau; il était de ceux qui s'échappent du devoir comme les enfants qui s'échappent de leur lisière, sauf à faire la culbute. Il ne se croyait pas né pour vivre dans les infiniment petits. Il avait horreur de l'horizon bourgeois, disant qu'il y mourrait d'ennui.

Dès son arrivée à Paris, il s'était résigné à vivre mal six jours de la semaine, sauf à vivre bien le dimanche. Peu à peu, comme les ivrognes, il avait fait le lundi, puis le mardi, puis le mercredi, puis le jeudi, puis le vendredi, puis le samedi. Non pas qu'il se fût mis à boire au cabaret du coin, mais au fond c'était la même chose : le jeu de dominos au café, la Closerie des lilas, Mabille, l'Élysée, Valentino, enfin les coulisses des petits théâtres où il avait pénétré grâce à sa bonne mine et à son esprit. En un mot, la vie des désœuvrés. Il fut bientôt à bout de ressources, mais il connaissait déjà l'art de faire des dettes : la dette ouverte et la dette insidieuse.

Georges commença par se dire qu'il pouvait bien s'emprunter à lui-même un billet de mille francs par an. Une fois sur cette pente, il marcha vite; il prit une chambre de soixante-quinze francs par mois à l'hôtel Voltaire, et commença à passer l'eau pour aller dîner avec quelques amis de collège qui vivaient de l'autre côté.

L'étudiant qui ne reste pas fidèle au pays latin est un étudiant perdu. Si le Paris du plaisir entraîne le Paris de l'étude, les meilleures résolutions s'évanouissent; le désœuvrement frappe l'esprit; les droits de la vie s'imposent avant les droits du travail. Georges continua à étudier une heure par jour, mais le reste du temps, il s'amusa.

« Ah! si j'avais connu Paris! disait-il souvent, Valentine ne m'eût pas échappé. Au lieu de lui faire des phrases sentimentales dans le Parc-aux-Grives, je lui eusse peint le tableau d'une vie à quatre chevaux à travers les folies parisiennes. Elle n'eût pas résisté. Mais, comme un imbécile, je lui faisais pressentir que, si elle m'épousait, nous repasserions par les mœurs de l'âge d'or. C'était enfantin ! »

Déjà Georges ne songeait plus qu'aux chemins de traverse ; il prenait en pitié ses camarades d'école, qui se promettaient à leur tour de devenir avocats de province et d'épouser quelque fille de notaire de campagne, pour mener une existence à six, huit ou dix mille francs par an.

« J'aimerais mieux me faire enterrer tout de suite ! » disait Georges d'un air hautain.

Mais comment faire pour avoir les cent mille livres de rente d'un Parisien à la mode ? Georges n'avait pourtant pas de goût pour la banque.

« Qui sait ? disait-il, ne voulant pas désespérer ; il y a des hasards heureux. Je suis beau, ne puis-je pas faire un beau mariage ? »

Mais il aimait toujours trop Valentine pour penser sérieusement à une autre femme. Il se consolait bien çà et là avec quelque consolatrice du pays latin; mais ce n'était que des quarts d'heure d'amour.

Il se levait à midi sous prétexte qu'il se couchait après minuit. Il allait étudier au café en compagnie de sa voisine, qui lui répondait politique quand il lui parlait amour. Il admirait beaucoup Lycurgue en fumant à la Closerie des lilas. Il vantait, après dîner, le brouet lacédémonien et déclamait contre l'argent en pensant qu'il avait des dettes.

Çà et là il était allé à l'École de droit; une fois on lui avait parlé *mur mitoyen* : il était rentré en toute hâte pour redire sa leçon à sa voisine.

Une autre fois il avait rencontré sur le seuil de l'École de droit une fille d'Ève qui cherchait son chemin.

« Où allez-vous?

— Je ne sais pas.

— C'est mon chemin, nous ferons route ensemble. »

Et ils étaient allés.

Aussi Georges du Quesnoy passa son premier examen comme Louis XIV passa le Rhin. Ses ennemis, les professeurs de droit, ne réussirent pas à le battre avec leur grosse artillerie. Il leur fit un discours sur la peine de mort en matière politique, en homme qui avait profondément étudié la question. Un des trois oracles s'endormit, le second éclata de rire, le dernier essuya une larme : total, trois boules rouges.

Dans le tohu-bohu amoureux du quartier latin, Georges du Quesnoy avait oublié son pays — le pays de sa mère. — Les roses qu'il avait cueillies sur la tombe trop tôt ouverte, les baisait-il encore d'une lèvre respectueuse? La vie était devenue pour lui un bal masqué, un carnaval sans fin, presque une descente de Courtille; il allait sans détourner la tête, enivré par toutes les ardentes folies de la première jeunesse, jetant son cœur comme son argent — par la fenêtre — à tous les hasards de l'amour.

On se demanda bientôt comment ses maîtresses avaient de si belles robes; on finit par se demander pourquoi il était si bien chaussé et pourquoi il n'allait jamais à pied. O scandale inouï, une coquine à la mode l'amena un jour à l'École de droit dans une victoria à deux chevaux ! Qui payait la coquine ? ce n'était pas lui ; qui payait les chevaux ? ce n'était pas la coquine. Donc Georges du Quesnoy promenait sans vergogne, à deux chevaux, son déshonneur. Le matin, entre onze heures et midi, on reconnaissait encore l'étudiant au café Voltaire, ou au café de Cluny, déjeunant d'une simple tasse de chocolat, mais le soir entre onze heures et minuit, il changeait ses batteries : on le rencontrait sur le boulevard au sortir des théâtres méditant un souper à la *Maison d'or* ou au *Café du Helder*.

Vous me saurez gré de ne pas vous conter le mot à mot de cette existence à la dérive qui est aujourd'hui fort commune à Paris pour les étudiants qui ont de l'argent, qui passent leurs examens chez quelque *demoiselle trente-six vertus* et qui font leur stage dans toutes les folies parisiennes. Beaucoup finissent par rentrer dans le giron de la sagesse, mais plus d'un finit mal pour avoir mal commencé. Sera-ce l'histoire de Georges du Quesnoy ? Ce fut en vain que son père vint à diverses reprises pour le ramener à la raison.

Comme ce n'était pas un mauvais cœur, il jurait de bonne foi qu'il briserait avec ses fatales habitudes. Il embrassait son père avec l'effusion la plus filiale ; mais dès que M. du Quesnoy était parti, il retombait sous le charme des magiciennes. Et quelles magiciennes! Des femmes qui n'ont de prix que parce qu'on les paie. « On n'en voudrait pas pour rien, » disait Georges d'un air dégagé. Mais il en voulut encore quand il ne les paya plus.

Son frère vint lui-même. Mais que vouliez-vous que conseillât un rêveur à un désœuvré? Ils furent heureux de causer ensemble : ce fut tout.

« Et toi, demanda Georges à Pierre, que fais-tu?

— Je suis amoureux.

— De qui? de quoi?

— Un amour désespéré.

— Parle.

— J'aime Mme de Fromentel.

— Ah! mon pauvre Pierre, je te plains, car on m'a dit qu'elle aimait son mari et son amant!

— Je tuerai l'amant.

— Et le mari? »

Pierre ne répondit pas.

« Te voilà plus fou que moi-même, reprit Georges. Crois-moi, viens habiter Paris. La Seine c'est le Léthé. Il n'est que Paris pour oublier.

— Allons donc! Tu n'as pas oublié Valentine.

— C'est vrai. Mais Valentine, c'est Valentine. C'est la jeunesse, c'est la beauté, c'est la poésie. Et encore je finirai par l'oublier. »

Le lendemain Pierre partit.

« Pourquoi si vite?

— J'ai promis d'aller ce soir jouer aux échecs avec M. de Fromentel. »

III

LE CŒUR MAITRE DE L'ESPRIT

Georges croyait que l'esprit gouverne le cœur comme un navire qui fuit le rivage. Il avait compté sans la tempête. Maintenant qu'il avait déjà la prescience du naufrage, il s'avouait qu'il subissait la domination de son cœur. Il ne pouvait dominer son amour.

Et comme beaucoup de jeunes gens qui portent un cœur blessé, il cachait la blessure par un sourire railleur.

Mais il ne trompait pas ceux qui ont aimé et qui ont souffert.

Ce fut cette passion trahie qui le jeta à la recherche de l'Inconnu, plutôt encore que les prédictions de Mlle de Lamarre. Son cœur entraîna son esprit.

Il tenta tout, décidé à rire de Dieu et du diable.

Je me trompe, il ne croyait ni à Dieu ni au diable.

O logique de la raison! Tout sceptique qu'il était il se mit à croire aux esprits, cet esprit fort!

Un philosophe a dit que chaque heure du jour et de la nuit impose son despotisme ou tout au moins son influence. Les anciens, nos maîtres éternels, n'avaient pas pour rien créé des théories pour symboliser la force occulte des actions de la nature sur l'homme. On a beau jouer au scepticisme, l'esprit fort le plus résolu n'est le plus souvent qu'un esprit faible, quand sonnent, dans la solitude et le silence, les heures nocturnes. Socrate et Platon dans l'antiquité, Descartes et Byron dans le monde moderne, pour ne citer que les plus sages et les plus rebelles aux menées invisibles des puissances supérieures, ont reconnu que minuit est une heure fatale où l'esprit humain n'a pas ses coudées franches. Certes, quand on est en belle et bonne compagnie, quand on soupe gaiement ou amoureusement, l'heure passe sans vous donner le frémissement de ses ailes, mais si la douzième heure vous surprend dans la rêverie ou la méditation, quand vous êtes seul avec vous-même dans le cortége des souvenirs, vous subissez le contre-coup de cette heure du sabbat qui répand autour de vous, comme une pluie de fleurs mortes, les âmes en peine qui ont été les âmes de votre vie et qui viennent tenter leur résurrection dans votre cœur.

Ce n'est pas seulement le moyen âge qui a imprimé un caractère mystérieux à la douzième heure; dans l'antiquité, quelles que soient les religions, on retrouve partout ce sentiment de terreur religieuse qui s'empare des hommes, qui fait crier les bêtes. C'est la nature elle-même qui a commencé le sabbat; l'homme n'a rien inventé; il a déchiffré peu à peu les vérités éternelles dans le livre grandiose que Dieu tenait ouvert sous ses yeux.

Les esprits forts disent que la nature n'a pas de mystères. Ils ne croient à rien et ils parlent de tout avec la désinvolture des gens qui ne savent rien. Un peu de science éloigne de Dieu, beaucoup y ramène. On peut appliquer ceci aux âmes en peine, aux esprits errants, au monde invisible, qui nous obsèdent. Il faudrait être un docteur de l'omniscience pour résoudre si lestement le premier de ces terribles problèmes. Mais l'esprit humain est comme la mer qui perd d'un côté ce qu'elle gagne de l'autre. Nous ne pouvons aborder qu'un coin de la vérité. Et encore, parmi les plus hardis navigateurs, combien qui vont se briser dans les récifs après avoir entrevu le rivage ! Celui qui dit : « Je sais que je ne sais rien, » est déjà un sage. Le Régent Philippe d'Orléans, qui fut un homme de beaucoup d'esprit et d'impiété, disait gaiement : « Je ne crois pas à Dieu, mais je crois au diable. » C'est l'histoire de tous les athées, c'est l'histoire de beaucoup de chrétiens qui ne croient à Dieu que parce qu'ils ont peur du diable.

Eh bien, le Régent avait la bonne foi d'avouer

qu'il avait peur des ombres, voilà pourquoi il soupait bruyamment pour lutter contre la nuit. Il avait abordé le grand œuvre ; avant d'inventer Law, il avait voulu faire de l'or par la vertu de l'alchimie. Il riait tout haut en plein midi des apparitions nocturnes, mais il ne les niait pas : il reconnaissait qu'il ne faut pas « trop s'approcher de l'inconnu ». Certes il ne tombait pas dans le piége grossier des magiciens et il se moquait des commérages de la sorcellerie. Ce n'était pas là qu'il avait étudié les sciences occultes, il était parti de plus haut et de plus loin.

Je parle ici du Régent, parce que c'était un sceptique, il me serait trop facile de mettre en scène les esprits enthousiastes pour prouver l'existence de « l'invisible ». Bon gré mal gré, il faut reconnaître sa force sans vouloir s'y heurter. Les sciences humaines sont toutes des abîmes : si on s'y penche trop on s'y précipite. Rien n'est plus près de l'extrême sagesse que l'extrême folie.

Georges du Quesnoy s'était aventuré dans ce pays de l'inconnu ; son imagination ardente voulait dépasser tous les horizons visibles. Il doutait de tout, mais il se laissait pourtant envahir par l'âme mystérieuse des choses. Comme il se croyait appelé à de hautes destinées, il posait à toute heure son point d'interrogation devant l'avenir, sans jamais oublier, d'ailleurs, les prédictions de la chiromancienne.

L'idée fixe est la première station de la folie. Les amis de Georges du Quesnoy commençaient à chuchoter autour de lui. Naguère il éclatait en saillies, il était l'homme de toutes les discussions et de tous les plaisirs; mais peu à peu ce ne fut plus la gaieté que par intermittence ; on le surprenait méditatif, inquiet, assombri. Il eut toutes les peines du monde à passer son dernier examen, quoiqu'il fût certes un des plus subtils esprits parmi ses camarades.

Il s'aperçut lui-même de ses chimériques préoccupations. Il voulut s'arracher à cette fascination de l'abîme. Il reconnut qu'il marchait dans le vide, la raison fuyait sous ses pieds, il résolut de ne plus hanter « l'Inconnu ».

Mais quand l'esprit a pris des habitudes, il ne peut pas « découcher », comme dit Montaigne.

Georges du Quesnoy s'était tourné vers la folie; après avoir divorcé avec la raison, il ne pouvait rebrousser chemin. Tout le rejetait dans sa voie nouvelle, soit qu'il fût chez lui, soit qu'il fût dans le monde. Chez lui il n'aimait que les livres des visionnaires, dans le monde il n'aimait que la causerie des spiritistes ou des femmes qui croient aux évocations ou aux revenants. Partout où il allait, on faisait cercle autour de lui, comme on eût fait cercle autour d'un sphinx. On le questionnait comme un voyageur qui revient d'un pays inconnu. Tout le monde espérait qu'il ferait un peu de lumière dans les ténèbres, mais il jetait un peu plus de nuées sur les nuées, tout en imprimant autour de lui un sentiment de terreur. Il avait d'ailleurs tout ce qu'il faut pour inspirer confiance. Il parlait fort bien; il était physionomiste jusqu'à pénétrer les âmes; il lisait dans les mains comme Desbarolles; il tirait mieux les cartes que tous les charlatans à la mode. « Mais, disait-il à ses amis, ce ne sont là que des jeux d'enfant; je voudrais bien n'avoir pas été plus loin que ces amusements de salon; par malheur, moi aussi, j'ai franchi le Rubicon, et j'ai vu de trop près l'autre monde pour vivre en paix dans celui-ci. » Et quand on voulait rire, il mettait au défi le premier venu de braver la solitude nocturne en bravant le sommeil, parce que le sommeil endort plus encore l'esprit que la bête, parce que le sommeil nous fait retourner sur nos pas toutes les nuits, parce que le sommeil baisse la toile devant notre imagination à l'heure même où elle s'envolerait avec ses coudées franches loin de toutes préoccupations humaines.

IV

VISION A LA CLOSERIE DES LILAS

Un soir Georges du Quesnoy errait à la Closerie des lilas attendant l'heure de l'arrivée de quelques grandes cocottes qui l'avaient averti d'une entrée triomphale.

Il fut attiré sur le champ de bataille de la danse par les dehors engageants de Mlle Pochardinette, — une Taglioni bien connue à l'Opéra en plein vent.

Plus que jamais, Georges était un rêveur qui brouillait le monde réel et le monde idéal. Telle femme qui passait lui rappelait telle femme oubliée qui réapparaissait comme par évocation. Ce va-et-vient de la vie égare toutes les imaginations ardentes. Gœthe et Byron disaient qu'ils ne distinguaient plus bien les figures vivantes des figures rêvées, créations de la nature ou créations de la poésie.

Or, tout à coup, tandis que cent yeux suivaient gaiement les gargouillades spirituelles de cette danseuse illustre, Georges pâlit et chancela.

Il venait de voir passer dans un tourbillon de nouveaux venus une figure qui lui était bien connue.

C'était une jeune fille d'une beauté insolente, en plein épanouissement. Elle se jeta follement au milieu du quadrille et dansa avec passion. Jamais Fanny Elsler n'avait montré avec plus de coquetterie impertinente sa jambe à la Diane chasseresse; jamais gorge plus franche n'avait fatigué corsage plus orgueilleux. Elle était belle par la vie, par la jeunesse, par la volupté. Sa chevelure légèrement dorée et ses yeux qui avaient dérobé un rayon au soleil, rappelaient Flora, la belle Violante, cette immortelle maîtresse du Titien. C'était la même *floraison,* la même *violence,* la même luxuriance de beauté humaine. Mais de beauté divine point. Elle avait oublié le ciel pour la terre. Cependant quand elle fut au bout de sa cachucha enragée, elle pencha sa tête avec un nuage de mélancolie comme si un souvenir eût touché son cœur.

Mais au même instant, un sourire désordonné passa sur sa bouche; elle jeta ses mains jointes sur l'épaule de son danseur et lui ordonna de l'emporter dans toutes les joies furieuses de la valse.

Georges du Quesnoy avait reconnu la jeune fille du Parc-aux-Grives. C'était la même figure chargée de trois printemps de plus; trois printemps savoureux, couronnés de bleuets, d'épis et de cerises. Elle était fraîche encore, mais déjà atteinte par les premiers ravages des passions. Sa bouche, autrefois pure comme un sourire de pêche, n'avait plus cette adorable naïveté d'une bouche ignorante qui n'a encore ri qu'à elle-même : la science d'aimer avait trop passé par là.

« C'est elle pourtant, dit Georges en s'avançant du côté de la danseuse. J'ai reconnu ce beau cou nonchalant que je n'ai retrouvé que dans la *Psyché* de Praxitèle. Et ces yeux si fiers et si doux! Et ce profil taillé en plein marbre! A n'en pas douter, c'est elle. Enfin! elle va m'expliquer ce mystère étrange.

— A qui en as-tu dans ton monologue? »

Georges fut ainsi interrompu par un ami intime qu'il connaissait depuis la veille.

« Écoute : il y a trois ans, dans un parc de mon pays, j'ai vu passer — comme une vision — une belle fille dont je suis encore amoureux et que je n'ai jamais pu approcher.

— Ce n'était qu'une vision.

— Peut-être. Mais aujourd'hui, cette vision détachée du bleu des nues, voilà que je la retrouve dansant ici. Vois plutôt cette robe bariolée, ce chapeau insolent, cette écharpe dont elle fait un serpent, cette ceinture de pourpre qui vaut une bonne renommée.

— Tu te moques de moi! je ne vois ni la robe, ni le chapeau, ni l'écharpe, ni la ceinture. Est-ce que tu es visionnaire?

— Comment! s'écria Georges avec impatience, tu ne vois pas cette danseuse éperdue qui jette des roses par poignées et qui répand autour d'elle une odeur savoureuse de jeunesse. Regarde-moi bien, je cours à elle et je l'enlève avec toute la force de ma passion. »

Georges s'élança pour saisir la danseuse; mais comme il croyait la toucher déjà, elle disparut dans un flot envahissant de beautés surannées que M. Brididi amenait sur ses pas.

Durant plus d'une heure, Georges du Quesnoy courut tout le jardin pour la retrouver. Il tomba épuisé dans les bras de son ami, qui lui offrit une glace et lui jeta au-dessus la tête un verre d'eau frappée, tout en lui promettant de le recommander au docteur Blanche.

« Je ne suis pas fou, » dit Georges avec fureur.

Survinrent les cocottes en rupture de ban. Il essaya de rire et de « blaguer » avec elles, mais il était trop ému encore par cette vision qui agitait son cœur. Il riait des lèvres, mais il répondait de travers.

« Voyons, dit une comédienne sans emploi,

qui croyait faire des mots, tu n'es ni à la Closerie ni à la causerie. Est-ce que tu es sorti comme ton argent ?

— Ni argent ni esprit comptant, dit une autre demoiselle de la même paroisse.

— Vous m'avez tout emprunté !

— On n'emprunte qu'aux riches, mon cher !

— Eh bien, prêtez-moi cent sous pour vous offrir des cigares. »

Ce jour-là, Georges du Quesnoy avait à peine les cinq sous du Juif errant pour fumer le cigare de minuit.

« Oui, je veux bien te prêter cent sous, dit la grande cocotte en prenant pour rire un air de protection, mais c'est à la condition que tu vas me dicter une lettre d'injures à mon amant. »

Georges se récria.

« Écrivain public ! à cent sous la séance ! Pour qui me prends-tu ?

— Ah ! voilà que tu fais ta tête, mais, mon cher, tu ne vaux pas mieux que nous autres. Si tu ne te donnais pas pour cent sous, tu te donnerais pour cent francs.

— Peut-être! Tu as raison. Donne-moi cinq louis et je te dicte une lettre qui sera un chef-d'œuvre. »

On s'était assis à une petite table ; la demoiselle demanda des bocks et des glaces, une plume et de l'encre — ce qui ne s'était jamais vu là.

Et quand elle eut la plume en main :

« Eh bien, j'y suis, dit-elle.

— Et les cinq louis ?

— C'est comme au théâtre, on paye en entrant ?

— Eh bien, tu paieras après la lettre. Mais pourquoi cette lettre ?

— C'est bien simple, mon amant ne revient à moi que quand je lui dis des injures.

— Écris. Cela se trouve bien, car je voudrais ce soir injurier le ciel, la terre, la lune et les étoiles. »

Georges du Quesnoy dicta à cette fille un vrai chef-d'œuvre d'impertinences passionnées. On sentait que c'était l'indignation de l'amour. Chaque mot frappait juste. Jamais femme jalouse n'avait si bien marqué les battements de son cœur par des mouvements de colère. Aussi, à la dernière phrase, la demoiselle se jeta au cou de Georges du Quesnoy.

« Un chef-d'œuvre ! s'écria-t-elle, Léon est capable de me répondre par un billet de mille francs. »

Georges ne rougissait pas de son rôle, tant il avait déjà perdu ce sixième sens qui s'appelle le sens moral. Il croyait faire une « blague » à la don Juan.

« Eh bien, dit-il, prête-moi cinq louis sur les mille francs.

— C'est sérieux ?

— Très-sérieux. Je te dirai pourquoi. »

La demoiselle prit gravement son porte-monnaie et le passa à Georges, qui ne fit aucune façon pour y prendre un billet de cent francs.

« Demain j'irai te voir pour te demander des nouvelles de la lettre.

— Écoute, s'il m'envoie mille francs, je te donnerai encore cent francs.

— Tu me prêteras encore cent francs. »

Georges du Quesnoy rectifiait le mot de la demoiselle, mais ce n'était pas la peine, car déjà à cette époque de sa vie, quiconque lui prêtait risquait de lui donner.

Une des amies de la comédienne vint s'asseoir à leur table.

« Tu sais que ton amant me plaît, dit-elle à cette demoiselle, en prenant la cigarette allumée de Georges du Quesnoy. S'il veut, je lui ferai bien le sacrifice de toute une soirée.

— Eh bien, dit l'autre en raillant, tu auras de la chance si tu ne fais que de te donner, car avec lui, ça coûte plus cher que ça. »

Georges du Quesnoy s'indigna d'abord et voulut déchignonner un peu l'impertinente par une chiquenaude sur ses faux cheveux; mais il était devenu si philosophe qu'il se croyait au-dessus ou au-dessous de tout ce qu'on pouvait dire.

On se leva de table et on alla voir valser Mlle Pochardinette.

« J'en ferais bien autant, » dit la comédienne. Et elle entraîna Georges du Quesnoy.

Il commença à valser avec elle. Mais tout d'un coup il l'abandonna pour se jeter à la rencontre de la vision qui l'avait frappé une heure auparavant.

« Tu es donc fou? » lui dit la comédienne en le ressaisissant.

Il était pâle comme la mort.

« Figure-toi, lui dit-il, que je viens de voir passer une jeune fille de mon pays, que j'ai aimée, à qui je n'ai jamais parlé, que je n'espérais pas revoir... Elle m'a jeté une poignée d'or et une poignée de roses à la figure... »

Georges se baissa et ramassa des roses.

« Tiens, vois plutôt.

— Des roses fanées, souillées, piétinées! »

Georges du Quesnoy promenait partout son regard anxieux.

« Voilà que je l'ai reperdue, tout en la retrouvant. »

Quoi que fît la comédienne, Georges du Quesnoy ne voulut pas aller souper avec elle. Il rentra chez lui, voulant s'isoler pour vivre une heure dans son souvenir. La vision l'avait arraché à la vie parisienne pour le rejeter en cette adorable saison où il croyait à tout : au travail, au devoir, à l'amour. Il lui sembla qu'il prenait un bain de jeunesse et qu'il revoyait flotter sur son front ces beaux fils de la Vierge qui portent bonheur aux voyageurs. Il pensa à son père, qu'il n'avait pas vu depuis trois mois; à son frère, qui n'était pas revenu à Paris pour le rappeler une fois de plus à la vie de famille.

« Mon frère a raison, dit-il tristement. Je le prenais pour un fou, à cause de ses rimes; mais lui aussi est un voyant et j'ai peur de ses prédictions. »

Il résolut d'aller le lendemain chez son père et de se retremper aux sources vives.

Il se coucha et dormit mal. Toute la nuit la vision passa au-dessus de son lit. Ce fut une obsession.

Le matin on lui apporta une dépêche de son père qui ne contenait que ces mots :

« *Ton frère est mort. Je t'attends.* »

V

COMMENT PIERRE DU QUESNOY MOURUT
DE MORT VIOLENTE

La mort de Pierre Du Quesnoy fut une aventure tragique, qui a éclaté dans les journaux aux quatre coins de la France.

Il était devenu l'amant platonique d'une Mme de Fromentel, qui avait, à ce qu'il paraît, un amant plus réel, nommé M. de Vermand. Je ne fais que copier la *Gazette des Tribunaux*. Le mari, un vrai mari de la vieille comédie, ne voulant pas se donner les émotions d'un duel avec M. de Vermand, trouva fort malicieux de préparer un duel entre l'amant et l'amoureux, se disant que c'était le moyen le plus pratique de se débarrasser de l'un et de l'autre. Il joua si bien son jeu qu'il mit bientôt en effet les armes à la main à M. de Vermand et à Pierre du Quesnoy. Seulement, ce fut un duel entre un homme qui savait se battre et un enfant qui ne savait pas se défendre. Circonstances aggravantes, le duel eut lieu le soir, dans un bois, aux derniers feux du jour, aux premières clartés de la nuit. Pierre du Quesnoy ne se défendit pas longtemps. Quoique M. de Vermand ne voulût que lui donner une leçon, il le frappa d'un coup au cœur, parce que Pierre se précipita au-devant de son épée. Ce fut une désolation dans tout le pays. M. de Vermand était parti la nuit même pour l'Angleterre, disant que c'était pour éviter la prison préventive, mais il ne se présenta pas devant le jury quand il fut appelé. On le condamna, par défaut, à cinq ans de prison. Les jurés furent très-sévères, parce qu'ils connaissaient tous Pierre du Quesnoy. M. de Fromentel en fit une maladie. Mme de Fromentel ne se consolera jamais.

Georges du Quesnoy arriva à temps pour voir son frère. Ce fut une scène déchirante, car on sait combien ils s'aimaient tous les deux. « J'ai tout perdu, disait Georges, pensant à Valentine comme à Pierre. C'était la vie de mon cœur et de mon esprit; il ne me reste plus qu'à mourir. » Il fallut que son père, non moins désespéré, lui redonnât du courage. Il fallut que sa sœur, qui était arrivée par l'express du matin, l'arrachât dix fois dans la journée du lit funéraire.

Le lendemain, pendant la messe mortuaire, Georges du Quesnoy aperçut Mlle de Lamarre, qui était venue prier avec Mme de Sancy.

« Elle l'avait dit, murmura Georges, *lui aussi mourra de mort violente.* Décidément, il me faudra donc monter sur la guillotine, puisque les prédictions de cette voyante se réalisent ! »

Georges ne manqua pas de faire encore un pèlerinage au château de Margival. Mais ce n'était plus qu'une solitude abandonnée.

Le comte, qui aimait les voyages, était parti quelques jours après le mariage de sa fille pour

Rome, Naples, Athènes, Constantinople. Il n'était pas encore revenu.

Georges lut sur une pancarte attachée à la grille :

CHATEAU A VENDRE.

« Ce château est comme moi, pensa-t-il. Ce château n'a plus de maître et il est à vendre. »

Il pensait en philosophe. Tout homme qui ne se possède plus est à vendre.

« La mort partout, » dit tristement Georges.

Et il s'éloigna du château comme du cimetière de sa jeunesse.

VI.

LA VOYANTE

M. du Quesnoy ne voulut pas rester à Landouzy-les-Vignes après la mort de son premier fils. Il alla vivre à Rouen avec sa fille.

Georges ne le consola pas, car il mit bientôt la main sur sa part dans la petite fortune que Pierre avait recueillie de sa mère. Georges faisait déjà argent de tout.

Cet argent, venu de son frère bien-aimé, ne lui porta pas bonheur. Il le joua et le perdit. Il n'en fut que plus avancé vers toutes les tristesses et tous les découragements.

Son père, indigné de cette conduite, ne répondit plus à ses lettres. Sa sœur elle-même lui ferma son cœur, parce qu'elle ne lui pardonnait pas, elle qui avait des enfants, d'avoir dissipé si vite de quoi nourrir une famille.

L'homme qui n'est plus sous la main ou sous les yeux de sa famille a déjà perdu son meilleur point d'appui sur la terre. Georges ne savait plus où se tourner. S'il devenait avocat sans le sou, resterait-il avocat sans causes? Il continua pourtant son droit; mais dans son amour de l'Inconnu, il étudia la chimie; bientôt il passa dans l'alchimie, voulant à son tour tenter l'Impossible, jouant le superbe devant Dieu et devant le diable.

Quand on pénètre dans le monde des Esprits, on se demande tout d'abord si on a franchi le seuil de Charenton. Comme Pascal on voit l'abîme sous ses pieds, et comme Newton on est pris de vertige. C'est que Dieu n'a pas permis à l'homme de franchir le monde visible, il lui a dit comme à la mer : « Tu n'iras pas plus loin. »

Ce qui est d'autant plus inquiétant pour cette parcelle de sagesse humaine que nous appelons orgueilleusement la raison, c'est que les plus grands philosophes sont des visionnaires. Descartes n'a-t-il pas vu apparaître la vierge Marie ; Voltaire ne se sentait-il pas possédé d'un esprit surhumain, dont il disait : « Je ne suis pas le maître ; » Kant, qui certes n'était pas le Jupiter assemble-nuages de la philosophie, ne disait-il pas : « On en viendra un jour à démontrer que l'âme humaine vit dans une communauté étroite avec les natures immatérielles du monde des Esprits ; *que ce monde agit sur le nôtre* et lui communique des impressions profondes, dont l'homme n'a pas conscience aussi longtemps que tout va bien chez lui ? »

Georges du Quesnoy finit par s'apercevoir que plus il interrogeait tous les docteurs de la science occulte, plus la nuit se faisait dans son âme. Que lui importait d'ailleurs qu'il y eût des démons s'il ne pouvait s'en servir ?

Un jour il jeta tous ses livres au feu et se tourna vers le soleil en lui disant : « Je te salue, lumière du monde, les meilleurs esprits ne feraient pas le plus mince de tes rayons. »

Il rouvrit Lucrèce, Newton et Voltaire, ces fils du soleil ; mais il eut beau se baigner dans les vives clartés de l'esprit humain, il sentit que ce n'était pas tout. Il ne put effacer de son âme l'image de Dieu, il ne put rayer de son souvenir cette prédiction de Mlle de Lamarre qui avait vu la guillotine se dresser pour lui.

Vainement il jouait à l'esprit fort : il sentait une âme dans le monde invisible.

Il avait dit souvent que pour les imbéciles la terre tournait dans le vide, tandis que pour les hommes d'esprit elle tournait dans le ciel. Il ne pouvait s'habituer à l'idée du néant, le néant avant lui, le néant après lui. Comment nier le pressentiment quand il y a quelque chose là, sous le front, et quelque chose là, dans le cœur? Du pressentiment à la divination, il n'y a pas loin. Si Dieu n'existait pas, on n'aurait pas l'idée de Dieu; si les devins n'avaient pas lu dans les astres, dans les physionomies, jusque dans les mains, le jeu des destinées humaines, qui donc aurait cru à tous les oracles de l'antiquité, à toutes les sorcelleries du moyen âge, aux esprits frappeurs d'aujourd'hui?

pourquoi les âmes du purgatoire n'auraient-elles pas la mission de nous conduire par la vie à travers le bien et le mal? Et alors qui les empêcherait de se manifester par des signes visibles pour les voyants, car il y a des voyants? Swedenborg n'était ni dupe pour lui-même ni charlatan pour les autres. A force d'ouvrir les yeux de son âme, il avait vu. Quand Dieu a dit : Malheur à l'homme seul, c'est que Dieu n'a pas voulu que l'homme se tournât avant l'heure vers l'infini. Dans le tourbillon du monde, l'homme ne voit passer que les figures du monde, tandis que dans les studieuses méditations de la solitude, il ose franchir les abîmes qui séparent la vie de la mort. Les grands solitaires ont tous été des voyants.

Voilà ce que disait Georges du Quesnoy, non pas qu'il tombât dans les illusions des spiritistes qui voient partout graviter des âmes. Il n'avait jamais voulu faire tourner les tables possédées; il se moquait de quelques-uns de ses amis qui parlaient des esprits frappeurs, mais il ne pouvait aller jusqu'au scepticisme absolu.

« C'est pourtant trop bête, disait-il quelquefois

en se rappelant les prédictions du château de Sancy ; parce qu'une femme distraite aura dit, pour étonner son monde, que je serai guillotiné, il faudra que je sois toute ma vie préoccupé de la guillotine. C'est là une mauvaise plaisanterie dont je veux faire justice. »

Mais plus il voulait n'y plus penser, et plus il y pensait.

Un jour qu'il se retournait vers le passé, appuyé à sa fenêtre, il vit un étudiant et une étudiante qui revenaient de Vanves, bras dessus bras dessous, avec des branches de lilas dans la main, s'éventant l'un l'autre, avec la grâce du Misanthrope, s'il se fût armé de l'éventail de Célimène.

« Ah ! s'écrie-t-il, que les lilas doivent sentir bon dans le Parc-aux-Grives ! »

Une heure après, il était au chemin de fer du Nord, ligne des Ardennes. Le soir il dînait à Soissons et s'en allait à pied jusqu'à Landouzy-les-Vignes.

La maison natale abandonnée lui sembla un cimetière, que dis-je ! un tombeau, car le lendemain matin quand il alla saluer la tombe de sa mère et celle de son frère, le cimetière lui parut un pays souriant par ses arbres, ses fleurs et ses gazons.

Ce lui fut aussi un pays souriant que le Parc-aux-Grives, tout épanoui sous les pousses printanières. Il y passa des heures regardant à chaque minute les fenêtres de Valentine — un cadre sans portrait. — « Hélas! murmura-t-il, la fenêtre ne s'ouvrira pas! »

Il eut l'idée d'aller faire une visite au château de Sancy; il ne s'avouait pas que c'était pour revoir la chiromancienne, mais au fond il n'y allait que pour cela.

Il retrouva au château la même société provinciale; Paris se métamorphose sans cesse, mais la province est sempiternelle dans ses évolutions. Non-seulement c'était la même société, mais c'étaient les mêmes causeries. Georges du Quesnoy se crut un instant rajeuni de trois ans.

Mais il pensa à son frère et cacha une larme; on n'avait jamais pleuré une plus belle âme.

« A propos, dit Mme de Sancy, plus étourdie

chaque année, vous n'êtes pas encore guillotiné? »

Georges du Quesnoy s'inclina en essayant un sourire.

« Je vous remercie de votre impatience, madame; que voulez-vous, j'ai manqué l'occasion. »

Disant ces mots, il regardait à la dérobée la sibylle en cheveux blonds qui, tout en piquant sa tapisserie, murmura d'un air convaincu :

« Oh! oh! nous n'y sommes pas, M. Georges du Quesnoy a encore bien du temps devant lui. »

Le jeune homme se leva et traîna son fauteuil devant la dame.

« Puisque aussi bien, lui dit-il, me voilà avec vous face à face, je vous demande sérieusement de me dire pourquoi vous avez mis une guillotine sur mon chemin?

— Avez-vous lu Cazotte? lui demanda Mlle de Lamarre.

— Oui, j'ai lu ses prédictions dans La Harpe.

— Eh bien, c'était un voyant, comme je suis une voyante. Après l'avoir écouté, puisque c'était un homme de bonne foi, il fallait se mettre en garde contre les malheurs qu'il voyait de si loin et de si près. Louis XVI, tout le premier, a ri de ses prédictions, comme les enfants qui jouent au bord de l'abîme. S'il y eût ajouté foi, il pouvait prévenir la Révolution en se mettant en travers. On peut rire des voyants, mais il faut tenir compte de ce qu'ils ont vu.

— Alors, madame, vous êtes une spectatrice qui voyez déjà le drame à travers le rideau quand les acteurs sont encore dans la coulisse.

— Oui, le rideau se fait diaphane pour moi et j'entrevois les acteurs qui répètent leurs rôles.

— Et vous m'avez vu dans la coulisse, au dénoûment de ma vie, répétant mon rôle avec le prêtre et avec le bourreau?

— Je vous en ai trop dit, vous êtes un noble cœur, car je vous ai vu pleurer sur la tombe de votre frère; vous êtes un esprit hors ligne, car je vous ai entendu discuter sur les destinées de l'âme avec le curé de Sancy. Vous n'êtes pas né pour une existence vulgaire. Si vous escaladez les cimes, prenez garde au vertige; si votre esprit hante les nues, prenez garde au tourbillon. »

Et, parlant plus bas, la chiromancienne dit à Georges :

« Il n'est pas douteux pour moi que vous aimez toujours Valentine. Voilà un tourbillon dont il faut vous défier. Prenez garde ! si vous la rencontrez, ce sera votre malheur à tous les deux.

— Vous ne savez donc pas, madame, qu'il y a des heures de malheur qu'on voudrait acheter par des éternités de joie ! »

Georges du Quesnoy rentra à Paris un peu plus troublé qu'à son départ.

Je défie l'homme le plus sceptique de se moquer du lendemain.

VII

LES DÉCHÉANCES

Georges du Quesnoy passa son dernier examen, mais plus préoccupé de poser des points d'interrogation devant toutes les philosophies, plus préoccupé surtout de vivre à plein cœur et à pleine coupe que de prendre la robe sévère de l'avocat.

Vivre à plein cœur! Mais depuis qu'il avait ébauché la plus adorable des passions avec Valentine de Margival, il ne croyait pas qu'il lui fût possible d'aimer une autre femme.

Qui donc aurait pour lui ce charme pénétrant? qui donc le ravirait par cette beauté opulente, beauté divine et beauté du diable? yeux qui rappelaient le ciel, mais qui promettaient toutes les voluptés? Georges se contentait de distraire son cœur par des aventures d'un jour.

On sait déjà que, dès son arrivée dans le pays latin, il avait été à la mode parmi les étudiantes, ces demoiselles étant encore assez primitives pour tenir plus compte de la beauté et de l'esprit que de la fortune. Ceci peut paraître une illusion, c'est pourtant la vérité. On sait aussi que Georges avait étendu ses conquêtes de l'autre côté de l'eau, si bien qu'il ne fut jamais en peine de femmes, quand il voulait perdre une heure ou même un jour.

Il avait trop pris au pied de la lettre la pensée du philosophe qui dit : « L'homme sans passions est un vaisseau qui attend le vent, voiles tendues, sans faire un pas. » Il avait appelé à lui tous les vents : ceux qui viennent par la tempête comme ceux qui viennent par la fleur des blés. Il s'était brisé aux écueils, il avait fait eau de toutes parts; encore quelques ouragans, il échouait sans une planche de salut.

L'orgie — l'orgie de l'esprit — l'avait envahi de la tête au cœur. Il était entré dans le labyrinthe de la passion — la passion sans âme.

Il vécut plus que jamais des hasards du jeu et de l'amour.

Un soir qu'il désespérait de tout, il reçut ce mot mystérieux, griffonné par une main qui voulait masquer son écriture :

Souvenez-vous de l'oubliée.

Il ne douta pas que ce mot ne lui vînt de Valentine.

« Ah Valentine ! s'écria-t-il tristement, c'était l'âme et la force de ma vie ! »

Or cette femme, qui eût été l'âme et la force de sa vie, qu'était-elle devenue ? Sa chute avait été non moins rapide.

La jeune châtelaine de Margival avait jeté son bonnet par-dessus le Capitole et il était tombé sur la roche Tarpéienne. C'était au temps où quelques grandes dames émerveillaient Paris de leurs aventures. La comtesse de Xaintrailles avait voulu que la France fût bien représentée à Rome. Pendant que son mari allait à confesse pour la convaincre que Dieu seul vaut la peine d'être aimé, elle courait gaiement les villas voisines avec de nobles étrangères qui n'étaient pas venues à Rome seulement pour voir le pape. Parmi les princesses du nord et les duchesses du midi qui voyagent par curiosité, il en est plus d'une qui ne rentrent pas le front haut dans leurs maisons.

Un soir, la comtesse de Xaintrailles ne rentra pas du tout. Grand scandale à Rome jusque chez le pape qui lui avait donné sa bénédiction. Il est vrai que, ce jour-là, un jeune monsignor lui avait offert à Saint-Pierre la clef du paradis de Mahomet. Elle avait refusé, mais l'impiété avait fleuri dans son cœur. Rome est le pays des grands repentirs, mais aussi des grandes perversités.

Il ne fallait pas être d'ailleurs un profond physionomiste, physiologiste et psychologiste, pour prédire au comte de Xaintrailles qu'il ne serait bientôt qu'un mari de Molière, en voyant l'impétueuse nature de sa jeune femme. On ne marie pas impunément le couchant à l'aurore, le couchant est rejeté dans la nuit, quand l'aurore s'allume dans le soleil. C'est la loi des forces et des défaillances. Toute femme qui ne se jette pas dans les bras de Dieu se jettera dans les bras de son prochain.

Valentine était adorée de son père, elle savait que, quoi qu'elle fît, elle aurait son pardon. L'opinion publique c'était sa conscience, sa conscience c'était son cœur, son cœur c'était sa passion. L'exemple en a perdu plus d'une. Valentine voyait tous les jours à Nice et à Bade, à Rome et à Tivoli, à Paris où elle venait souvent en congé avec ou sans son mari, de très-nobles dames qui se pavanaient dans l'adultère avec une gaieté impertinente. Elle trouvait cela de bon air. Il fut un temps où c'était presque à la mode. Valentine voulut être une femme à la mode.

Ce jour-là, le mari put s'écrier : « Tu l'as voulu, Georges Dandin. »

Il songea à se venger. Il parla de faire enfermer sa femme. Il jura qu'il tuerait son rival.

Mais il en avait deux.

Il voulut être le troisième larron : il se jeta aux

pieds de sa femme. Il la conjura de lui pardonner ses crimes à elle — combien de maris tombent dans cette lâcheté? — Mais M. de Xaintrailles avait bien quelques péchés sur la conscience. Il continuait de vagues relations avec une ci-devant danseuse qui avait été sa maîtresse pendant dix ans. Valentine renvoya son mari à sa maîtresse en lui disant :

« Si vous voulez que je vous aime, faites-vous une autre tête. Je vous ai sacrifié quatre années de ma jeunesse, de ma fortune, de ma beauté, si vous n'êtes pas content vous êtes difficile à vivre. »

Et elle s'enfuit à Bade avec le marquis Panino, son second amant.

VIII

LE MISERERE DU PIANO

C'était au temps des prodiges de M. Home. Il était bien naturel que Georges du Quesnoy, déjà visionnaire, voulût voir de près le célèbre médium, espérant avoir le premier et le dernier mot de toutes ces aventures occultes.

Il voulait aller tout exprès à Bade pour le rencontrer, lorsqu'il lut un matin dans un journal la liste des étrangers en villégiature là-bas. Le nom de :

Madame la comtesse de Xaintrailles

le frappa comme un coup de soleil.

« Décidément, dit-il, ma destinée m'appelle à Bade. »

Mais, arrivé à Bade, il lui fut impossible de découvrir Valentine. Il alla chez M. Home. On sait que M. Home ne se laissait pas aborder par le premier venu ; mais Georges du Quesnoy, arrière-petit-cousin de M. de Ravignan, arriva jusqu'à lui, grâce à ce nom très-révéré par cet esprit troublé. Georges du Quesnoy, quoiqu'un peu hautain, était, quand il le voulait, l'homme du monde le plus sympathique. M. Home se laissa conquérir à moitié, quoiqu'il fût toujours sur la réserve. Cet homme, qui avait commencé par les malices des dessous de cartes, avait fini par se prendre au jeu. Il avait vu devant lui l'abîme de Pascal, et pour les autres il était devenu un abîme. Georges eut peur d'y tomber ; mais au delà de cet abîme on voyait la lumière comme on voit la vie future au delà du tombeau. Le médium avoua qu'il n'était pas maître de lui depuis qu'il était obsédé par un esprit dominateur qui le rappelait toujours à l'ordre quand il voulait se révolter. C'est ainsi qu'il expliquait ce mouvement des choses matérielles, tables, fauteuils, pianos, quand il voulait nier les esprits.

« Car je ne les appelle jamais, disait-il, surtout depuis ma confession à l'abbé de Ravignan. Ils me font peur, et je passe ma vie à les exorciser moi-même. C'est dans la lutte qu'ils reviennent ainsi faire le sabbat.

— Eh bien, faites-moi voir ce sabbat, je vous en supplie, » dit Georges.

Il avait déjà raconté au médium ses visions du parc de Margival et de la Closerie des lilas; mais il ne voulait pas croire aux tables tournantes non plus qu'à la sarabande des fauteuils.

Depuis quelques jours, M. Home refusait aux plus belles étrangères en villégiature à Bade, de se remettre en communication avec les esprits frappeurs ou tourbillonnants. On parlait beaucoup alors de sa célèbre séance chez l'impératrice des Français, où il avait convaincu les plus incrédules de ses obsessions démoniaques. C'en était assez pour sa gloire éphémère. Pour lui, les grands de la terre étaient ceux qui, comme le père Ravignan, travaillaient à la rédemption des âmes. Il jouait le dédain du monde périssable.

Georges du Quesnoy fut donc bien mal venu à demander des miracles.

Mais un soir qu'ils se promenaient tous les deux dans l'avenue de Lichenthal, M. Home lui dit :

« Voyez comme je suis malheureux ! ce que j'aimerais c'est la solitude, pour rêver à toutes les merveilles du monde, mais je ne connais pas la solitude ; dès que je suis seul, les esprits reviennent à moi plus furieux que jamais. »

Quoique ce fût avant le coucher du soleil, Georges regarda de très-près M. Home. Il était pâle et effaré.

« Ne me quittez pas ce soir, ne me quittez pas ce soir, » disait-il avec une inquiétude qui ne semblait pas jouée.

Georges jugea que c'était une bonne fortune pour lui que cette soudaine reprise des esprits. Il allait enfin savoir ! M. Home lui dit qu'il ne voulait pas rentrer à l'hôtel de Russie, où il avait pris pied depuis quelques jours. Il décida qu'il irait à l'hôtel Victoria, où était descendu Georges.

« C'est un hôtel plus vivant et plus gai; les esprits ne franchiront peut-être pas le seuil, surtout si vous leur tenez tête. »

Ce n'était pas l'affaire de Georges. Aussi il n'eut garde de faire le sceptique. Bien au contraire, il appela lui-même les esprits avec la douceur des oiseleurs qui appellent les oiseaux.

Les voilà entrés. M. Home demanda une simple chambre; il n'y en avait pas une seule qui fût libre. On lui proposa l'appartement d'une des grandes-duchesses de Russie, qu'on attendait toujours et qui ne venait jamais.

« Il faut bien l'accepter, » dit Home, qui ne regardait pas à l'argent.

En passant dans le salon, il fut fâché de voir un piano.

« Pourvu qu'ils ne me fassent pas de musique, » dit-il avec tressaillement.

Georges se disait : « Il y a là un charlatan, un fou ou un voyant; peut-être y a-t-il de tout cela. »

Ils allèrent jusqu'à la chambre à coucher.

« Je suis brisé, » dit M. Home.

Il se jeta sur son lit et fit signe à Georges de s'asseoir en face de lui sur le canapé.

« Ne vous en allez qu'après minuit, c'est une grâce que je vous demande, lui dit le médium. Attendez que je sois endormi, car, si vous n'étiez là, je n'aurais pas de toute cette nuit une heure de sommeil. »

Georges voulut parler des esprits, mais M. Home le supplia de changer de causerie.

Et il parla à voix haute de toutes les belles dames qu'ils avaient rencontrées dans leur promenade, femmes sérieuses et femmes légères, princesses étrangères et princesses de la rampe. M. Home ne parlait si haut et n'évoquait de si belles figures que pour faire peur aux esprits.

A un certain moment, il se jeta hors du lit pour arrêter la pendule.

« Pourquoi faites-vous cela?

— Pourquoi? C'est que cette pendule pourrait sonner les douze coups de minuit, et me frapper douze fois le cœur presque mortellement. »

Cinq minutes après :

« Voyez, reprit-il, la pendule marche malgré

moi ; je l'ai pourtant bien arrêtée. Parlez-moi bien vite de la princesse *** et de Mme Anna Delion. Voilà deux beautés souveraines, une pour Dieu, l'autre pour le diable. »

Une seconde fois il alla arrêter la pendule.

« Pourquoi avez-vous allumé cette troisième bougie? dit-il à son compagnon.

— C'est singulier, dit le jeune homme, car, en effet, il n'y avait tout à l'heure que deux bougies d'allumées. »

M. Home en éteignit une ; mais à peine fut-il couché que Georges vit encore trois bougies allumées.

Il commença à croire aux esprits.

Il éteignit lui-même la troisième bougie.

Pendant toute une heure, ils causèrent de la vie parisienne à Bade, de toutes les aventures amoureuses, de la folie des joueurs.

« Vous savez, dit Georges, que ce grand Italien, qui avait l'air d'un Meyerbeer brun, s'est pendu au vieux château?

— Chut! dit M. Home, ne me parlez pas du vieux château; c'est là que je n'irais pas à minuit. »

Un silence.

« Voyez, reprit le médium en montrant la pendule, cette fois elle est bien arrêtée, mais les aiguilles vont toujours, il est minuit; accourez vite, je vais mourir. »

Georges se jeta vers M. Home. La pendule sonna minuit. M. Home prit la main de Georges et la porta à son cœur.

« N'est-ce pas que c'est épouvantable? » lui dit-il.

Chaque tintement de la pendule se répétait dans le cœur de M. Home par un battement de toute violence; c'était à le briser.

« Voyez comme elle tinte lentement; c'est pour prolonger mon agonie. »

Georges courut à la pendule et la secoua pour arrêter la sonnerie, mais elle persista à sonner. Cette fois, sa raison l'avait abandonné, mille nuages passaient sur son front. Sans bien savoir pourquoi, il agita le cordon de la sonnette.

« C'est inutile, lui dit M. Home, la sonnette ne sonnera pas, les esprits sont les maîtres ici; il faut nous en aller. »

Mais il se passa plus d'une heure sans que M. Home reprît la force de se tenir debout. Georges avait voulu appeler.

« Non, lui dit le médium, je ne veux pas donner ce spectacle. »

Enfin M. Home, tout défaillant, se mit debout, prit son chapeau et marcha vers la porte du salon. Georges allait le suivre, quand il s'arrêta court.

« N'entendez-vous pas? » lui dit M. Home en tombant sur un fauteuil.

Georges écoutait.

Il entendit résonner le piano comme une harpe éolienne; c'était une vague musique d'église écoutée dans le lointain. Le *De profundis* et le *Miserere* n'ont pas de clameurs plus doucement funèbres.

« Qui touche du piano? demanda Georges, plus ému encore.

— Pouvez-vous le demander? ce sont mes ennemis. Ne les entendez-vous pas qui chantent la mort de mon âme? c'est horrible. »

M. Home avait des larmes dans les yeux. Il se

traîna à la fenêtre et l'ouvrit; mais déjà Bade dormait.

« On n'entend plus, dit le médium, que le sabbat qu'ils font là-haut au vieux château.

— Voilà ce que vous entendez, dit Georges, mais moi, j'entends un autre sabbat; on danse là tout à côté, chez Mlle Soubise. J'y suis invité et je vous y emmène. Vous serez sauvé, car vous ne serez plus dans le monde des Esprits. Méry est là avec Scholl et quelques autres esprits bien pensants.

— Jamais, dit M. Home, jamais je n'irai dans ce monde-là.

— Ce n'est pas la peine de quitter l'esprit des ténèbres pour retrouver l'esprit de l'enfer.

— Ne rions pas, dit M. Home avec un accent sévère. Vous ne sentez donc pas que vous êtes au milieu du sabbat? Tout est sens dessus dessous ici. Regardez plutôt dans la glace, vous ne vous verrez pas. »

Comme M. Home disait ces mots, les bougies s'éteignirent.

« Permettez, ce n'est pas de jeu, » dit Georges en voulant rire encore.

M. Home frappa du pied.

« Croyez-vous donc que je suis maître de faire le jour et la nuit? »

Et après un silence :

« Avez-vous aimé?

— Si j'ai aimé! j'ai aimé à en mourir. Ç'a été le malheur de ma vie.

— Et quelle était la femme?

— Une adorable créature. Je ne suis venu ici que pour la voir.

— Et vous l'avez vue?

— Non. Elle n'a fait que passer, je crois qu'elle est allée à Ems, où j'irai demain.

— Contez-moi cette histoire. J'aime beaucoup les contes amoureux. »

Georges ne se fit pas prier. Il conta en quelques mots rapides, avec tout l'accent de la passion, les premiers chapitres de son roman. Il peignit, en s'y attardant un peu, cette belle figure de Valentine dont le seul souvenir lui masquait toutes les femmes.

« Et vous ne l'avez pas revue une seule fois ? lui demanda M. Home.

— Non, pas une seule fois ; je voulais aller jusqu'à Rome, mais j'avais peur de la trouver heureuse là-bas. Si je suis venu à Bade, si je me décide à aller à Ems pour la poursuivre, c'est que j'ai appris qu'elle avait planté là le comte de Xaintrailles...

— Attendez donc, je la connais. C'est un miracle de beauté, surtout quand elle rit. Je l'ai beaucoup vue à Rome. Je sais mieux son histoire que vous ne la savez vous-même. Elle a enlevé le marquis Panino qui n'osait pas tenter l'aventure. Ç'a été le bruit de la Ville éternelle au dernier carnaval. Comment a-t-elle passé ici sans venir me voir ? J'ai causé vingt fois avec elle à Rome : et causeries les plus intimes. Elle m'a souvent donné sa main, en me priant de lui dire sa destinée. Eh bien, mon cher ami, vous voyez qu'il ne faut jamais désespérer ; maintenant qu'elle est en rupture de mariage, vous aurez votre tour.

— Mon tour ! s'écria Georges blessé au cœur. Je la veux toute pour l'emporter à tout jamais dans ma passion. Ce n'est pas une bonne fortune que je cherche. Dieu merci, j'ai usé ma curiosité à ces folies-là. Ce que je veux retrouver en elle, c'est ma jeunesse. Mais retrouverai-je son amour? Voyez-vous, si elle voulait m'aimer, j'oublierais les mauvaises années de ma vie. Je renouerais la chaîne d'or et je redeviendrais un homme.

— Tout beau! vous voilà déjà un enfant. Enfin je vois que vous l'aimiez bien.

— Oh! oui, je l'aimais bien! je l'aimais à ce point, que, depuis que je l'ai perdue, je n'ai aimé les autres femmes que par contre-coup, que parce qu'elles me la rappelaient. Celle-ci avait sa voix, celle-là la couleur de ses yeux; mais aucune n'avait ce charme terrible qui me poursuit encore, qui me poursuivra jusque dans la mort. Je suis devenu le plus grand sceptique de l'amour. Eh bien, si je retrouvais Valentine, je tomberais à ses pieds aussi ému et aussi croyant qu'autrefois.

— Voulez-vous la voir?

— Puisque je vous ai déjà dit que je voulais partir demain pour Ems où elle doit être.

— Je vous demande si vous voulez la voir tout de suite.

— Vous le savez bien. Mais elle n'est pas ici. »

M. Home se leva et s'approcha de la glace en saisissant avec force la main de Georges.

« Regardez dans cette glace.

— Mais il faudrait au moins rallumer les bougies.

— Regardez dans cette glace. »

Georges voulut regarder, mais à cet instant M. Home lui passa la main sur les yeux.

« Regardez bien. »

Georges croyait qu'il allait se voir lui-même, mais il vit la comtesse de Xaintrailles. Ce ne fut qu'une vision, car elle disparut au même instant.

« J'ai vu, dit-il, mais je ne crois pas.

— Eh bien moi, dit M. Home, je n'ai pas vu, mais je crois. »

Les bougies venaient de se rallumer. Georges, déjà fort ému, fut frappé de la pâleur de M. Home.

« Puisque vous croyez, expliquez-moi ce miracle.

— C'est bien simple; ne savez-vous pas que les âmes ont l'image plus ou moins invisible des corps? Quoi de plus naturel que l'âme de Mme de Xaintrailles, si elle vous aime, ne soit venue à vous sur ma prière, quand vous l'attendez?

— Ce que vous me dites n'est pas si simple que cela. Et d'abord comment voulez-vous que l'âme de Mme de Xaintrailles se soit si galamment détachée de son corps?

— C'est élémentaire : l'âme, qu'est-ce autre chose que la pensée? Mille fois par jour, votre âme quitte son corps pour faire le tour de tous les mondes connus, même des mondes qu'elle ne connaît que par ouï-dire. Ne voyage-t-elle pas dans le passé qu'elle n'a jamais vu? dans l'avenir qui n'a jamais existé?

— Je veux bien, mais pourquoi voulez-vous que l'âme de Valentine? — si j'admets l'image de l'âme — vienne s'égarer ici à l'hôtel Victoria, où elle ne sait pas que je suis?

— Par les attractions de l'amour, par la volonté de mon âme, car j'ai voulu qu'elle vînt. Ne vous est-il pas arrivé souvent, quand vous étiez au théâtre ou à votre fenêtre, de forcer une femme à vous regarder par le magnétisme de votre regard? Si l'homme corporel a une telle force, pouvez-vous douter de la force cent mille fois plus forte de l'homme incorporel? Puisque l'âme est une parcelle de la Divinité, elle peut soulever un monde. »

Georges du Quesnoy ne fut pas convaincu, et pourtant la vision le frappait encore.

M. Home s'étant approché de la fenêtre :

« Mon cher ami, dit-il à Georges, je dédaigne de vous mettre les points sur les i. Rappelez-vous cette lettre de Marie-Antoinette où elle raconte que Cagliostro lui a fait voir la guillotine dans une carafe.

— La guillotine! s'écria Georges avec un sentiment de terreur.

— Eh bien, oui, la guillotine. Quand la malheureuse reine fut au Temple, elle se rappela la carafe de Cagliostro; aussi elle demanda toujours qu'on lui servît de l'eau dans une cruche.

— La guillotine! dit encore Georges.

— C'est un mot qui vous épouvante?

— Non, je n'ai peur de rien, mais je dois vous

dire qu'une chiromancienne m'a prédit que je mourrais guillotiné.

— Si je n'avais pas ouvert la fenêtre, dit M. Home, j'interrogerais votre destinée. Peut-être la glace nous dirait-elle s'il y aura ou s'il n'y aura pas de guillotine. Mais c'est fini, je suis délivré des esprits. Si vous voulez à toute force savoir comment vous mourrez, interrogez un miroir quand vous serez seul la nuit avec la foi au monde invisible. Mais il ne faut pas un seul être vivant autour de vous. »

M. Home respirait avec bonheur l'air vif de la nuit.

« Je suis sauvé encore une fois, » reprit-il en s'animant.

Un silence.

« Les esprits ont livré bataille, mais les voilà vaincus, grâce à votre présence. Adieu. Je vais me coucher ; je n'ai plus peur. »

Ils sortirent tous les deux.

Georges serra la main de M. Home. C'était une main de marbre. Comme il avait oublié sa canne, il retourna dans la chambre à coucher.

Quand il passa devant le piano, ce ne fut pas sans frissonner un peu. A peine fut-il à la porte, que le piano eut encore quelques notes de son chant lugubre.

La porte se ferma violemment derrière lui; aussi il eut beau vouloir reprendre son air de scepticisme pour entrer chez Mlle Soubise, Mlle Anna Delion lui dit :

« Vous avez l'air d'un mort qui a la permission de minuit.

— Ma foi, dit Georges, je suis plus mort que vif. J'ai passé la soirée avec M. Home, qui m'a livré aux esprits.

— Eh bien, dit Aurélien Scholl avec son sourire diabolique, ici vous serez livré aux bêtes. »

IX

VOYAGE SENTIMENTAL

Le lendemain Georges du Quesnoy partit pour Ems. A peine était-il dans le wagon qu'il vit passer la comtesse de Xaintrailles, au bras du marquis Panino. Ils étaient en retard et ils semblaient s'entraîner l'un l'autre. En reconnaissant la comtesse, en la voyant si belle et si gaie, Georges ressentit un coup au cœur, un vrai coup de poignard; car s'il avait pu admettre jusqu'à un certain point que Valentine le quittât pour se marier, comment pouvait-elle, trahissant tout à la fois le mariage et l'amour, s'abandonner avec la joie dans l'âme à ce Napolitain, qui d'ailleurs n'était ni jeune ni beau ? C'est là le mystère des passions. Si elles marchaient à pas comptés avec la logique, elles ne seraient plus des passions. C'est peut-être la volonté occulte de la nature, qui veut toujours marier le beau et le laid, le chaud et le froid, le bien et le mal, l'esprit et la bêtise pour les lois de l'harmonie universelle.

Georges pensa à se jeter hors du wagon pour courir à la comtesse et lui reprocher sa double félonie. Mais ce fut le premier mouvement. Il avait trop vécu déjà pour ne pas comprendre le ridicule d'une telle action. Sa seconde pensée fut de rentrer tout simplement à Bade et d'y risquer ses derniers louis, au lieu de les dépenser dans ce voyage inutile.

Mais il était trop tard, le coup de sifflet retentit : il fallait partir ! Il se promit de descendre à la prochaine station et de monter vaillamment dans le compartiment du marquis et de la comtesse. Ainsi il savourerait douloureusement ce spectacle de la trahison. Comme il n'avait peur de rien, il parlerait haut et ferme, il braverait l'amant et tenterait de reconquérir la maîtresse.

Et en effet, dès que le train s'arrêta, il sauta à terre et il alla droit au wagon des amoureux.

Il lut sur la portière : *compartiment réservé*. Mais il n'était pas homme à s'arrêter pour si peu. Il tourna la poignée et monta lestement.

« Chut! lui dit le marquis, en se précipitant vers lui, nous sommes chez nous.

— Chut! riposta Georges du Quesnoy en mettant un pied sur le tapis, je suis ici chez moi et je prends mon bien où je le trouve.

— Qu'est-ce que c'est que cela? » dit le marquis en lui fermant le passage.

Georges eût certes passé outre si un des hommes du train ne l'eût saisi par le pan de sa redingote, en lui disant qu'il se trompait de compartiment. Georges était vaincu. Vainement il persista à vouloir entrer, l'homme du train le fit tomber du marchepied au moment même où le train repartait. Il envoya cet homme d'un coup de pied rouler jusqu'à la porte de la gare, mais il n'en était pas plus avancé. Pourtant il se rejeta tout éperdu sur le compartiment, qui ne courait pas encore à grande vitesse. Cette fois il y pénétra comme le tonnerre; il saisit le marquis Panino et le voulut précipiter sur la voie. Par malheur le marquis tenait bon et il l'entraîna lui-même dans sa chute.

Si bien que la comtesse de Xaintrailles fit le voyage toute seule jusqu'à la prochaine station.

« Enfin monsieur! que me voulez-vous? dit le marquis à Georges.

— Rien. Je veux seulement vous empêcher de voyager avec la comtesse de Xaintrailles.

— De quel droit, monsieur?

— La force prime le droit. D'ailleurs vous n'êtes pas son mari.

— Ni vous non plus, monsieur.

— La question n'est pas là. Si vous n'êtes pas content...

— Non, certes, monsieur, je ne suis pas content.

— Eh bien, voici ma carte. Vous me trouverez partout : à Bade, à Paris ou à Rome, si vous vous permettez de retourner par là avec la comtesse. »

Le marquis Panino donna lui-même sa carte; après quoi il alla questionner le chef de gare sur le moyen le plus rapide de rejoindre le train qui partait pour Ems.

Georges du Quesnoy se promettait d'empêcher son rival d'aller plus loin, voulant lui-même rejoindre Valentine sur la route d'Ems, quand un de ses amis du boulevard des Italiens, qui attendait à la gare le train retournant sur Bade, frappa sur les vitres de la salle d'attente et l'appela non-seulement par sa voix, mais par la voix de deux demoiselles à la mode dans les coulisses des Bouffes-Parisiens : Mlles Rose Blanche et Adèle Cherche-Après, la Gaieté et l'Insouciance en voyage.

« Je suis furieux! dit Georges à son ami; si tu veux partir pour Ems avec moi, tu seras mon témoin dans un duel à mort, avec ce marquis napolitain qui vient de m'enlever la plus adorable des femmes.

— Allons donc! dit Mlle Cherche-Après, une de perdue, deux de retrouvées!

— D'autant plus, ajouta Mlle Rose Blanche,

que nous avons peur de ne pas trouver d'appartement à Bade et que nous avons compté sur ta chambre à coucher.

— Ma chambre à coucher! dit Georges qui se rappela alors le sabbat de la veille, il y revient des esprits.

— Des esprits! Ils ne reviendront pas si nous sommes là. Conte-nous donc cette bêtise? »

Georges leur dit mot à mot ce qui s'était passé à la gare et à l'hôtel Victoria.

« Et tu es assez candide pour t'imaginer que tu as vu ta bien-aimée dans le miroir, par la volonté de M. Home?

— Oui, je suis assez candide pour cela.

— Qui te dit qu'elle n'était pas là avec M. Home?

— Après tout, murmura Georges, ceci n'est pas impossible, d'autant plus qu'elle habitait l'hôtel Victoria. »

Il se décida à ne pas poursuivre plus longtemps la comtesse de Xaintrailles, jugeant que c'était maintenant à elle à lui donner de ses nouvelles. Il retourna donc à Bade, en compagnie de son amie et des comédiennes.

Quand il revit M. Home, il l'interrogea sur la vision dans la glace.

Mais le médium lui prouva sans beaucoup de peine qu'il lui eût été bien plus difficile de préparer cette comédie impossible que d'appeler l'âme de Valentine. Il lui jura que d'ailleurs il la croyait partie pour Ems.

« Croyez-vous, lui dit-il, que je me suis confessé à l'abbé de Ravignan pour trahir la religion? Ç'a été pour moi une bénédiction. L'abbé de Ravignan m'a exorcisé, mais, par malheur, les esprits reprennent peu à peu leur empire. »

Georges avait conté à M. Home sa mésaventure sur le marchepied du wagon.

« Quand vous verrez la comtesse, lui dit le médium, vous l'interrogerez à son tour.

— Mais la reverrai-je?

— N'en doutez pas. Vous vous êtes trop aimés pour ne pas vous revoir. Dieu et la nature le veulent.

— Comment a-t-elle pu m'oublier jusqu'à prendre un amant?

— Qui vous dit que ce n'est pas le chemin

fatal pour revenir à vous? Du reste, elle doit repasser par Bade. Cette fois, ne manquez pas l'occasion. »

Georges attendit la comtesse de Xaintrailles sans trop d'impatience, parce qu'il oubliait son cœur et son esprit dans les folies du jeu et des filles galantes. Comme il passait pour avoir de la veine, sans doute parce qu'il était ruiné, ces demoiselles lui faisaient tous les matins une bourse de jeu. Il était toujours sur le point de se révolter contre lui-même, mais comment se relever de ses déchéances sans avoir de l'argent pour point d'appui?

Il espérait toujours faire sauter la banque. Cette bonne fortune lui arriva un jour; mais comme il était en spectacle et comme il jouait l'argent des autres, il ne voulut pas s'arrêter en si beau chemin. Il joua encore, il joua toujours, jusqu'au moment où ce fut lui qui sauta. Désespoirs et récriminations de ces demoiselles; un instant il avait eu toutes les caresses, il en fut bientôt aux égratignures. On l'accusa d'avoir mis de l'argent de côté.

La vérité, c'est qu'il revint à Paris sans un sou, n'osant pas attendre à Bade la comtesse de Xaintrailles au retour d'Ems, parce qu'il ne voulait reparaître devant elle qu'en vainqueur et non en vaincu.

« Soyez mon ambassadeur, dit-il à M. Home. Si vous revoyez Mme de Xaintrailles, dites-lui que jamais héroïne de roman ne fut aimée comme elle. »

X

LA CHIMIE ET L'ALCHIMIE

La fortune est aux audacieux : ne doutant pas de son audace, Georges ne douta pas de sa fortune.

Ce fut alors qu'il se mêla à la tourbe des coquins en gants de Suède qui s'abattent sur Paris comme sur un grand chemin, sans souci de l'honneur non plus que du devoir, jetant leur conscience par-dessus le dernier moulin de Montmartre, décidés à tout pour arriver à tout, brassant des affaires qui n'ont que des commencements, sautant tous les jours à pieds joints par-dessus la police correctionnelle, vrais saute-ruisseaux des hauts financiers, tentant les hasards de la Bourse, jetés par la fenêtre du parquet, tombés dans la coulisse, aujourd'hui courtiers, demain remisiers, après-demain directeurs de la Banque des Familles avec des succursales sans nombre. Vous les connaissez tous : celui-là crée un journal qui n'aura qu'un numéro, celui-ci ouvre un dépôt de *prêts sur titres,* l'un vous vendra à juste prix la honte de votre ennemi, l'autre vous vendra à plus juste prix les bonnes grâces d'une femme en renom.

Je dirai pourtant que Georges du Quesnoy fut longtemps dans ce monde perdu, homme de pensée, mais point homme d'action. Il partait de ce beau principe : l'homme est né voleur, depuis le berceau jusqu'à la tombe, avec le souci de prendre ici, là, plus loin, toujours. Le grand art, c'est de voler avec la protection du gouvernement. Par exemple, le marchand de vin et le marchand d'eau ne volent-ils pas sur la qualité et la quantité avec une patente du gouvernement? Le banquier qui fait un emprunt d'État vole d'abord le roi qui emprunte et ensuite les peuples qui prêtent. Il est volé à son tour par la fille d'Opéra, qui vole tout aussi bien, puisqu'elle se vend sans se donner.

Georges, comme s'il riait de tout, débitait ainsi mille paradoxes subversifs, armé de Babœuf et de Proudhon, mais ne croyant pas un mot de ce qu'il disait.

Ses vrais amis lui conseillaient de se hasarder au Palais, puisqu'il avait l'éloquence naturelle et l'éloquence étudiée ; mais comme c'était un chercheur et un inquiet, comme il appartenait à la secte de ces esprits turbulents et désordonnés qui n'aiment pas les chemins officiels de la vie, il se jeta décidément dans les hasards de la chimie.

La curiosité le dominait toujours. Tout en reconnaissant que la science n'aimait pas les mystères, là encore il voulait trouver des mystères. Mais ce qu'il voulait trouver surtout, c'était le miracle d'une fortune rapide.

Il avait d'ailleurs vu quelques-uns de ses amis de rencontre et d'occasion, faire leur fortune dans des découvertes imprévues. La chimie est une loterie. Il en est qui ne tirent jamais le bon numéro, mais il en est qui gagnent du premier coup.

Il ne tenta pas de faire de l'or, comme les alchimistes du sabbat, mais il tenta d'orifier le cuivre. Ce fut le sabbat des métaux. Le cuivre fut rebelle à toute métamorphose. On ne refait pas une virginité à la fille perdue.

Après cette tentative il s'aventura dans les eaux des fées voulant retrouver les teintures vénitiennes. C'était encore chercher l'or. Il retrouva le blond de Diane de Poitiers, le blond du Nord; mais il comprit que le soleil seul donnait aux filles de Venise le chaud rayon qui les auréole.

De là il passa dans les poisons. C'est lui qui inventa ou réinventa le poison des Médicis, ou le poison des bagues et des perles. On se souvient que, vers les dernières années de Napoléon III, beaucoup de crevés, de journalistes, de chercheurs, de femmes déchues, de hautes courtisanes, ne voulaient mourir que par ce poison doux et violent.

J'ai rencontré hier à la table d'une comédienne un prince et un homme politique qui portent encore le poison de Georges du Quesnoy « pour être maîtres de leur mort à travers les révolutions ». Ils oublient trop que le poison se dissout et perd sa vertu par la chaleur.

Par malheur pour Georges du Quesnoy, ce poison ne fit pas sa fortune, n'étant pas à la portée de ceux et de celles qui n'ont ni bagues ni perles. Il chercha d'autres inventions, mais il n'eut pas la main heureuse, quoiqu'il eût le coup d'œil subtil.

Il commençait pourtant à se faire un nom dans la science. Il faut lui rendre cette justice qu'il aimait la science pour la science.

Jusqu'à Lavoisier, la chimie avait encore des airs de famille avec l'alchimie; mais Lavoisier prit des balances pour peser l'or vrai et l'or faux. Il marqua d'une vive lumière les agents invisibles, comme les oxydes; il prouva les corps simples et ruina la théorie des transmutations : c'était ruiner la pierre philosophale. Il décomposa tout, pour tout recomposer. Il fonda la théorie atomique, prouvant que la combinaison des différents corps provient de la juxtaposition des atomes. Autour de la théorie atomique se groupèrent la théorie des radicaux et celle des substitutions. On comprit enfin que les composés chimiques étaient les pierres d'un monument, qu'on pouvait substituer les unes aux autres sans changer la forme ni l'équilibre. Il y eut encore la théorie des types, qui donne la clef de la méthode universelle. Georges du Quesnoy admirait beaucoup les Dumas et les Wurtz; il poursuivit la science moderne jusqu'à ses confins; mais il était trop épris du merveilleux pour ne pas s'obstiner à voir autre chose que la vérité. Il rencontra Claude Bernard et le contredit par les paradoxes les plus inattendus. Il voulut lui prouver que toutes les théories modernes étaient déjà dans La Bruyère, dans Fontenelle et dans tous les malins du xviiie siècle. Il lui développa sa théorie à lui, la théorie des affinités, qui ne voulait pas sacrifier l'alchimie à la chimie, parce que tout est dans tout, et que c'est l'inconnu, bien plus que le connu, qui fait marcher le monde.

Que Georges fût dans le vrai ou dans le faux,

il n'en devint pas moins un des sous-oracles de la science moderne; on citait son nom dans les journaux scientifiques; on lut un mémoire de lui sur l'électricité à l'Académie des sciences : c'était écrit à l'emporte-pièce, dans un style imagé, qui égarait l'esprit bien plus qu'il ne l'éclairait. « Et la conclusion? » demanda un membre de l'Académie après la lecture.

Georges était peut-être trop raisonnable pour conclure. Qui donc a dit le dernier mot sur toutes choses, hormis le philosophe qui a écrit : « Je sais que je ne sais rien? »

Je ne raconterai pas toutes les chutes de Georges du Quesnoy. Un seul sentiment le relevait au-dessus de lui-même : c'était l'amour de la patrie. L'orgie n'avait pu l'entamer par ce côté-là. La patrie a cela de bon — comme la mère — qu'elle peut préserver un homme des dernières chutes et le relever même sur les hauteurs d'où il était tombé.

Georges ne fut pourtant pas préservé, il tomba jusqu'au fond de l'abîme — l'abîme sans fond. Comme Figaro, ne sachant plus que faire, il avait pris une plume — entre deux femmes — pour fustiger cette société bâtie sur l'argent, vivant pour l'argent, adorant l'argent. On avait du premier coup d'œil reconnu en lui un véhément satirique, poétiquement inspiré dans ses patriotiques et sauvages colères.

Quelques journaux lui donnèrent de quoi fumer.

Un de ses amis était devenu secrétaire du ministre de l'intérieur. Ils se rencontrèrent, ils se comprirent; Georges fut inscrit parmi les honnêtes gens qui sont marqués au cœur de ces deux mots odieux : *fonds secrets*. La veille il avait bafoué la royauté, le lendemain il souffleta la France.

Ce ne fut pas son premier crime, ce crime de lèse-nation.

Quelles que fussent les déchéances de cet esprit malade, il gardait avec religion le souvenir radieux de Valentine de Margival. C'était une source pure où il retrempait son âme; c'était le rivage après toutes les tempêtes; c'était le coin du ciel à travers les nuées les plus sombres.

Saint Augustin a dit : « Il n'est pas de pécheur si égaré qui ne voie encore Dieu sur son chemin. » Georges ne voyait pas Dieu, mais il voyait Valentine. Il se rappelait avec délices ces beaux jours perdus où il vivait des joies les plus pures et les plus idéales de l'amour. Il ouvrait encore les lèvres comme pour boire les fraîches senteurs du Parc-aux-grives.

« Ah ! Valentine ! s'écria-t-il avec désespoir, vous avez tué en moi ce qu'il y avait de beau et de bon. Vous avez tué ma force à ce point que je n'ai même pas le courage de vous haïr. »

Il ne pouvait pas la haïr, parce qu'il l'aimait toujours.

« Et pourquoi ? se demandait-il. C'est qu'aucune femme n'aura eu pour moi, même celles qui m'ont aimé, la saveur de cette Valentine, que je n'ai appuyée qu'une seule fois sur mon cœur. »

Un soir qu'il lisait la vie de Marie-Magdeleine, il fit cette réflexion qu'aux femmes seules il est beaucoup pardonné si elles ont beaucoup aimé ; ce qui est une vertu chez la femme est considéré comme une faiblesse chez l'homme. « Et pourtant, disait-il, combien qui ne sont plus des hommes, parce qu'ils ont rencontré une femme sur leur chemin ! »

XI

LE MIRACLE DU JEU

Tout le monde a connu à Paris la misère à la mode : une femme du monde déchue, toute ravagée, toute flétrie, toute dépenaillée, qu'on trouve le soir et le matin accroupie à la porte, les mains dans les cheveux, les yeux fixes, les joues pâles. Elle ne prie pas, elle ne pleure pas. La fortune l'a trahie, mais n'a pas vaincu sa fierté. Si elle se confesse ce n'est pas pour mendier, c'est parce qu'elle a trouvé une âme sympathique. Çà et là elle se hasarde pourtant à tendre la main discrètement, mais, presque toujours, elle aime mieux mourir de faim, s'enveloppant dans le linceul de sa dignité.

Georges du Quesnoy connut bien cette misère-là. Vainement il la chassait de son seuil par toutes les rouéries d'un viveur qui trouve de l'argent dans sa famille et chez ses amis, voire même chez ses maîtresses. Mais ce jeu-là n'a qu'un temps. Comme a dit un vieux jurisconsulte, l'argent mal recueilli ne germe point. Aussi Georges du Quesnoy, après toutes ses escapades, se retrouvait-il plus pauvre qu'auparavant. Trois fois déjà il avait changé de quartier pour dépister ses créanciers, mais il avait beau se rouvrir de nouveaux crédits sur la naïveté publique, il pressentait que Paris tout grand qu'il soit lui serait bientôt impossible à habiter : on le reconnaissait à sa tête hautaine et railleuse, partout où on lui avait fait crédit.

En quelques années, il était parvenu à dévorer cent quatre-vingt mille francs, dont moitié pris à son père. Il avait cent créanciers pour l'autre moitié. Comment avait-il mangé tant d'argent? On pourrait se demander pourquoi il n'en avait pas dépensé le triple, car il avait joué, il avait soupé, il avait loué des avant-scène et des carrosses ; en un mot, sans mener à front découvert la grande vie des fils de famille, il avait vécu à peu près comme eux.

Georges du Quesnoy avait des amitiés demi-célèbres ; car il y a la demi-célébrité comme le demi-monde, ou plutôt il y a la petite célébrité et la grande célébrité, comme il y a la petite académie et la grande académie. Dans la confusion des personnalités la plupart des gens ne font pas de distinction entre les unes et les autres, mais il y a toujours une élite qui met tout le monde à sa place.

Cette élite, Georges du Quesnoy en était par l'intelligence, mais sa vie désordonnée, sans fortune et sans talent, ne lui avait pas permis d'être du vrai monde de toutes les aristocraties : aristocratie de la naissance, des lettres et des arts. Il y touchait, mais c'était tout. Il fallait qu'il se contentât d'être en camaraderie avec une foule de gens d'esprit qui sont toujours un peu sur le pavé, parce qu'il leur manque deux choses : la dignité et le génie ; fils de famille tombés, gens de lettres et artistes qui n'ont pas signé une œuvre pour demain, journalistes faméliques, admirant ou critiquant selon le journal, s'imaginant qu'ils font l'opinion publique, parce qu'ils la font fille publique. Comme Georges parlait haut et parlait bien dans les brasseries politiques, littéraires, artistiques, qui sont des académies comme les clubs sont des tribunes, on lui disait souvent de se faire journaliste. Mais il était né pour parler et non pour écrire. Toutefois il prit la plume et fit quelque bruit dans un journal bruyant. Naturellement, il n'exprima pas une seule de ses opinions. Il lui fallut prendre l'air connu de la maison. On lui donna, en politique et en littérature, le nom des hommes à exalter et le nom des hommes à fusiller à traits d'esprit. Il fit cela haut la main. Quelques niais du journalisme s'imaginent volontiers que ce qu'ils disent est toujours parole d'Évangile. Ils s'embusquent derrière un pseudonyme et débitent leurs injures avec la conviction que les hommes qu'ils attaquent ne s'en relèveront pas. C'est de la poudre aux moineaux : la fumée retombe sur eux. Ce sont eux qui ne s'en relèvent pas. Georges n'était pas si bête : il savait très-bien que, dans la bataille de la vie, les blessures qui ne tuent pas sont des titres de plus. Il avait trop le véritable orgueil pour tomber dans cette puérile vanité du critique qui raisonne comme sa pantoufle : « Tout le monde admire celui que j'attaque, je prouve que j'ai plus d'esprit que lui, donc c'est moi qu'il faut admirer. » Georges n'avait pas l'esprit si dépravé. Il admirait dans le journalisme cinq ou six hommes hors ligne qui parlent haut parce qu'ils parlent bien ; il aurait voulu marcher à leur suite, mais il s'était embourbé dans le mauvais chemin. Aussi s'arrêta-t-il bientôt en route, disant que le véritable esprit vit de considération, comme l'estomac vit de pain.

De là il tomba dans la passion du jeu. Il joua partout : au café, au tripot, au cercle, jouant ce qu'il avait et ce qu'il n'avait pas.

Au cercle, son compte ne fut pas long à régler, car, au cercle, on ne joue pas longtemps sur parole.

Mais il tomba du cercle dans le tripot. Là on trouve toujours de quoi jouer. Là tout n'est jamais perdu, hormis l'honneur.

La fortune avait trahi Georges du Quesnoy au cercle, elle lui fut bonne fille au tripot.

— C'est étonnant, se disait-il à lui-même, il y a là un voleur sur deux joueurs; il me faut une fière veine pour avoir raison de tout le monde. »

Non-seulement il avait de la veine, mais il avait des yeux. Il empêchait les méridionaux en rupture de soleil de forcer la carte. Les plus beaux escamoteurs le savaient décidé à tout, ils n'osaient trop le braver.

Après avoir perdu vingt-cinq mille francs au cercle, les dernières épaves de sa fortune patrimoniale, il gagna près de cinquante mille francs dans les tripots, à petites journées. Il retourna au cercle, armé de toutes pièces, voulant se venger.

A sa première rentrée de jeu, il gagna un peu plus de cinquante mille francs. Il est vrai que cette nuit-là, celui qui perdait le plus lui jeta les cartes à la figure en l'accusant d'avoir apporté des cartes. Qu'y avait-il de vrai ? Je ne veux pas me faire l'avocat d'office de Georges du Quesnoy, je me contente de dire qu'il sauta à la figure de celui qui l'outrageait en lui jetant ces mots qui ne prouvent rien :

— Et toi, quand tu m'as gagné il y a trois mois, avec quelles cartes jouais-tu ?

Les deux adversaires se battaient le lendemain au bois de Vincennes, mais ils ne parurent plus au cercle ni l'un ni l'autre.

Or la moralité de ceci, c'est que Georges du Quesnoy soupa le soir avec une comédienne à la mode qu'il afficha le lendemain pour s'afficher avec elle.

Depuis le commencement de l'hiver, il était courbé sur les tables vertes, il n'avait jamais pris une heure pour relever la tête et respirer la vie. Maintenant qu'il avait cent mille francs, il se sentait le cœur léger. Une porte d'or s'ouvrait pour lui sur le monde. Il allait dépouiller la misère et vivre de loisirs, en attendant qu'il trouvât sa voie, car il se croyait toujours appelé à de hautes destinées.

En plein mois de janvier, il retrouvait un printemps en lui. La neige qui tombait sur le boulevard lui semblait douce, comme autrefois la neige des pommiers du Soissonnais.

« O Valentine! s'écriait-il avec un renouveau d'enthousiasme; ô Valentine! quel printemps virginal je retrouverais cette année si tu venais me dire : « Me voilà! »

XII

LA BACCHANTE

Ce coup de dés fut le commencement d'une vraie veine. Georges joua partout : dans le cercle, dans les tripots, à la Bourse, le tripot des tripots. Il gagna partout ; mais partout il fut quelque peu accusé de faire sauter la carte, car à la Bourse il avait un partner qui jouait le contre-coup et qui ne payait pas.

Il vivait à fond de train de l'argent du jeu, le prodiguant à toute occasion, achetant des tableaux peints et des tableaux vivants, des objets d'art et des vertus.

Un soir, vers minuit et demi, il rencontra un de ses amis qui descendait en habit de bal d'une voiture de maître.

« D'où viens-tu ?

— D'un bal de banquiers. Mais décidément l'or est trop triste, je vais m'égayer un peu au bal de l'Opéra. »

Georges prit le bras à son ami.

« L'or n'est pas si triste que cela. Moi aussi, je vais au bal de l'Opéra. Et si tu me promets d'être gai, je te payerai à souper avec des drôlesses.

— Si tu me promets qu'elles seront drôles, je veux bien. »

On entra au bal. On fureta toutes les loges pour y trouver des amis, on finit par s'établir dans une avant-scène louée par un prince moldave que Georges avait rencontré chez ces demoiselles. Il y en avait quelques-unes qui venaient faire galerie dans la loge.

Le prince trépignait de joie en voyant bondir les almées parisiennes.

« Quel peuple ! disait-il, comme il a de l'esprit, quoi qu'il fasse! Il n'y a que les femmes de Paris pour avoir de l'esprit au bout des pieds. »

Sans doute il osait hasarder cette opinion parce qu'une chicarde de la danse levait, à chaque mesure, le pied vers l'avant-scène, en criant au prince qu'elle lui faisait des pieds de nez. En effet, plus d'une fois elle avait failli le toucher au nez.

Georges du Quesnoy étonna d'abord toute l'avant-scène par ses menus propos éblouissants. Mais ce ne fut qu'une fusée. Malgré les agaceries des femmes, il se tourna vers le spectacle de la danse avec toute la curiosité d'un habitué des premières représentations. Il était de ceux qui s'écoutent parler, mais qui n'écoutent jamais les autres, si bien que, presque toujours après avoir jeté son feu, il se recueillait dans la rêverie ou la méditation, ne voulant causer qu'avec lui-même, tant il était personnel.

Que méditait-il, ou à quoi rêvait-il? Il pensait toujours à ses cent mille francs. C'était le point d'appui d'Archimède. Rien ne l'arrêterait plus dans son ambition. Cent mille francs! du savoir-vivre et du savoir-faire, de l'esprit, de la figure et « de la blague », il faudrait ne pas vouloir faire un pas en avant pour ne pas arriver à tout.

Mais Georges du Quesnoy n'avait pas seulement l'ambition de marcher vers les grandeurs de ce monde. Il avait l'ambition d'arriver à Valentine, aux joies inespérées de son amour, à cet idéal du cœur, plus rayonnant que tous les mirages de l'esprit.

Le roman de sa première jeunesse se rouvrait à toute heure dans son souvenir et répandait dans son âme toute la fraîcheur de l'aube et de la rosée. Quels que fussent les orages de sa vie, il n'oubliait jamais ce point de départ rayonnant, ce rêve irréalisé, cette promesse miragée du bonheur.

Pendant que le prince voyait par les yeux du corps toutes les comiques péripéties du champ de bataille de la danse, Georges se créait un autre théâtre et voyait passer sur la scène de l'Opéra les bucoliques de ses vingt ans. Il n'y a pas d'âme parmi les plus troublées qui ne retourne aux sources vives.

Toutefois la réalité s'accusait trop bruyamment,

pour que Georges effaçât le spectacle des danses emportées qui tourbillonnaient sous ses yeux. Si bien qu'il mêlait le présent au passé, la vérité à l'imagination, comme lorsqu'un rêve nous prend dans le demi-sommeil.

« Voyez-vous? dit-il tout à coup au prince.

— Je vois tout et je ne vois rien.

— Comment, vous ne voyez pas, dominant toutes les danseuses, cette bacchante toute couronnée de pampres qui jette des louis à pleines mains?

— Je crois que vous devenez fou.

— Regardez bien! c'est une pluie d'or.

— Si c'est une pluie d'or, je n'en suis pas ébloui du tout. Vous savez bien, d'ailleurs, que toutes ces filles qui sont là ne trouveraient pas dans leur porte-monnaie de quoi faire une poignée d'or. Il n'y a que Jupiter qui fasse ces miracles pour Danaé... »

Mais le prince parlait seul; Georges du Quesnoy s'était élancé hors de la loge pour se précipiter vers la bacchante.

Comme à la Closerie des lilas, il avait reconnu

la jeune fille qui lui était apparue toute blanche dans le Parc-aux-Grives.

Mais quelle métamorphose! La virginale figure, couronnée de marguerites, était ce soir-là tout allumée et toute couperosée par les orgies nocturnes. Au lieu de ce regard timide qui se dérobait, c'était un coup d'œil insolent qui jetait l'ivresse et la luxure. Au lieu de cette bouche candide, qui souriait sous la rêverie et qui n'avait baisé que des roses, c'était une bouche gourmande et inassouvie qui avait dévoré les sept péchés capitaux, lèvres à jamais flétries et toutes barbouillées de rouge.

« Pourquoi cette fille jette-t-elle de l'or à pleines-mains? » demanda Georges en s'approchant d'elle.

Celui à qui il s'adressait était un pierrot, qui se contenta de l'appeler polichinelle en habit noir.

Georges fit un pas de plus, mais on avait commencé la quatrième figure du quadrille d'*Orphée aux Enfers*. Ce fut une vraie bourrasque. Il fut jeté de côté et ne retrouva pas la bacchante.

XIII

LA DESTINÉE

Cependant le jeu le trahit. Il reperdit en quelques nuits de baccarat et en une seule liquidation de Bourse ce qui lui restait de son gain et bien au delà. Il se retrouva donc plus pauvre que jamais.

Il avait tenté plus d'une fois de s'arracher au désœuvrement qui rongeait son âme comme la rouille ronge le fer. Tout en se prenant aux voluptés énervantes des débauches parisiennes, il aspirait à l'air vif des sommets. Il se disait sans cesse qu'il n'était pas né pour vivre sous cette atmosphère. Un jour il eut le courage — il croyait qu'il fallait du courage pour cela — de s'arracher aux mille toiles d'araignée qui l'emprisonnaient. Il courut chez sa sœur, à Rouen; il se jeta dans ses bras, il la pria de le sauver de lui-même.

« Quoi! lui dit-elle, tu es un homme, et c'est à une femme que tu demandes de te sauver? »

Il resta quelques jours avec sa sœur. Il s'attendrit au tableau de famille, tout épanoui d'enfants.

« Hors de là, dit-il, point de salut.

— Eh bien, mon cher Georges, lui dit sa sœur, qui t'empêche de prendre une femme et d'avoir des enfants?

— Une femme! murmura-t-il amèrement, je n'en connais qu'une au monde. Dieu me l'a montrée comme une raillerie : c'est Valentine de Margival.

— Pourquoi s'obstiner à celle-là, puisqu'elle est mariée?

— Elle est mariée, mais elle a pris mon cœur, elle a pris mon âme. Je la sens toujours qui tue ma vie. Vous me condamnez tous, mais vous ne savez pas comme je suis esclave de cette femme, même loin d'elle. Elle m'a rendu tout impossible. Je ne me sauverai d'elle que si j'en triomphe un jour. Jusque-là je l'aimerai, je la haïrai, je ne serai bon à rien. »

Il en était arrivé à désespérer de tout, sinon de lui-même.

Il songeait à se retremper dans une vie nouvelle en partant pour l'Amérique, la patrie hospitalière des esprits aventureux, quand il reçut un petit billet tout parfumé, écrit sur papier whatman par une main qui n'était pas anglaise du tout :

« *Vous avez peut-être oublié Valentine de Margival; si oui,* requiescat in pace; *si non, venez continuer une conversation interrompue dans le Parc-aux-Grives.* »

« VALENTINE. »

On ne saurait dire avec quelle joie Georges lut ces quelques lignes! Sa jeunesse déjà mourante se releva en lui avec toute sa force et toute sa séve. Ce fut une renaissance soudaine.

« Valentine, murmura-t-il, mon rêve, ma vie, mon âme ! »

Était-ce l'amour ou la destinée qui avait dicté cette lettre ? là est le mystère de l'inconnu.

Georges du Quesnoy ne se fit pas attendre longtemps à l'hôtel du Louvre. Il lut la lettre deux fois, il baisa la signature, il prit un coupé et se présenta un quart d'heure après au numéro 17.

Une femme de chambre vint ouvrir qui lui dit que Mme la comtesse prenait un bain dans sa chambre à coucher.

Georges ne doutait pas que Valentine elle-même n'eût grande hâte de le revoir.

« Donnez-lui ma carte et dites-lui que je n'ai que cinq minutes. »

Il voulait brusquer les choses, il espérait que la comtesse le recevrait devant la baignoire.

En effet, elle fit d'abord quelques façons, mais elle finit par lui faire dire d'entrer dans sa chambre à coucher, quoique tout y fût sens dessus dessous.

Il se précipita.

Elle lui tendit sa main toute mouillée, en lui disant de l'air du monde le plus simple :

« Vous voyez que je vous reçois toute nue.

— Pas si nue que ça, dit Georges qui voulait cacher sa surprise d'un tel accueil : vous me recevez comme Vénus avant de sortir des ondes.

— Quel langage! vous êtes démodé, mon cher. Vénus s'habille chez Worth.

— Je le sais trop, hélas !

— Est-ce que vous payez beaucoup de factures par là?

— Pas précisément : je n'ai payé chez Worth qu'une robe d'indienne qui m'a coûté dix-huit cents francs. Les femmes que j'ai l'honneur d'habiller ne vont pas encore là.

— Et les femmes que vous n'habillez pas?

— Ah! c'est autre chose, celles-là vont toutes chez Worth.

— Eh bien, dit la comtesse en se soulevant un peu, nous avons là une jolie conversation pour commencer. Mais aujourd'hui il n'y a plus que les femmes honnêtes qui parlent mal et qui ne soient pas des grues.

Georges avait admiré les épaules de Valentine. Il l'avait aimée jeune fille svelte et légère comme un cygne; il la retrouvait dans toute la luxuriance de la femme, nourrie de chair, comme on disait des figures de Rubens.

XIV

LA BAIGNEUSE

Georges du Quesnoy, qui s'était assis à une distance respectueuse de la baignoire, s'approcha tout contre, en disant avec passion, au risque d'être entendu de la femme de chambre qui venait de passer dans le cabinet de toilette :

« O Valentine, comme je vous aime ! »

Ils étaient loin tous les deux de ces fraîches promenades dans le parc de Margival où ils ne s'aimaient que par le cœur et par l'âme; où l'amour ne songeait pas encore à la passion; où ils jetaient sur leurs rêveries les chastes écharpes de la candeur.

Quel chemin ils avaient fait tous les deux en descendant !

Georges dévorait des yeux Valentine :

« En vérité, vous êtes plus belle que jamais.

— Si je n'étais pas plus belle que jamais, je ne vous eusse pas dit de venir me voir.

— Vous êtes donc bien heureuse, comtesse, pour vous porter si bien ?

— Ah ! oui, parlons-en : je suis si heureuse, si heureuse, si heureuse que je voudrais mourir.

— Vous êtes encore en pleine lune de miel. »

La comtesse prit une expression de sauvage tristesse.

C'était une question insidieuse. Georges ne voulait pas accuser Valentine, mais il ne pouvait vaincre sa jalousie, non pas sa jalousie contre le mari, mais contre les amants. Il faillit même éclater en reproches, mais il se contint.

« Voyez-vous, Georges, je suis la femme la plus malheureuse du monde.

— Pourquoi ?

— Vous ne le devinez pas ? » dit Valentine en veloutant ses yeux.

Les femmes veulent toujours qu'on leur parle d'elles, à moins qu'elles n'en parlent elles-mêmes. La comtesse de Xaintrailles ne se fit pas prier pour conter ses aventures à Georges, tout en ne disant que ce qu'elle voulait dire, jouant à l'héroïne de roman, et voulant convaincre son amoureux que toutes ces folies, elle ne les avait faites que dans l'enivrement de sa passion pour lui. Ce qui était bien un peu vrai.

« Je n'en crois pas un mot, dit Georges.

— C'est toute la vérité. Pourquoi n'êtes-vous pas venu à Rome?

— Pourquoi ne m'avez-vous pas appelé?

— Je vous ai envoyé mon portrait et je vous ai écrit : *Souvenez-vous de l'oubliée.*

— Comment ne m'avez-vous pas fait signe à Bade?

— Vous étiez en trop mauvaise compagnie; mais d'ailleurs je ne vous ai pas vu, sinon sur la route d'Ems. »

Valentine dit à Georges que, le voyant à Bade, elle s'était cachée.

« Voilà pourquoi j'ai voulu aller à Ems. Vous

m'avez entrevue et vous m'avez violemment séparée du marquis Panino. J'étais ravie de votre belle action, mais je suis devenue furieuse en voyant que vous ne me poursuiviez pas à Calsruhe. Le marquis m'a retrouvée plus folle que jamais, mais je ne l'aimais plus du tout.

— Vous l'avez donc aimé?

— J'aimais l'amour, toujours à cause de vous. »

Georges expliqua à la comtesse qu'il n'avait pas poursuivi l'aventure dans la peur du ridicule.

« C'est que vous ne m'aimiez plus.

— Peut-être. Et qu'avez-vous fait de votre marquis?

— J'ai failli le précipiter dans le Vésuve.

— Pour un autre?

— Non. Je revins à mon mari un jour de repentir en lisant une lettre de mon père. Mais c'en était fait des joies conjugales. Un matin, après une nuit orageuse, je courus à Civita-Vecchia, et je me jetai dans le premier navire en partance pour Marseille, décidée à revoir Paris, — je veux dire à vous revoir ; — je suis arrivée aujourd'hui même, et mon premier travail a été de vous écrire. »

Georges baisa la main droite de Valentine.

« Mais savez-vous mon malheur? C'est que monsieur mon mari est arrivé à Paris avant moi. Voilà ce que vient de m'apprendre ma femme de chambre en allant à son petit pied-à-terre, rue de Penthièvre. Le chemin de fer va plus vite que le navire. Heureusement que je suis descendue sous un nom de guerre : *M*^{me} *Duflot, rentière à Dijon.* Et puis je suis à peine connue à Paris et je ne veux sortir que sous un triple voile. »

Toute cette histoire, Valentine la conta à Georges du Quesnoy avec une désinvolture charmante, comme si elle eût parlé d'une autre.

« Oui, à travers toutes ces folies, je n'ai aimé que vous, dit-elle en penchant son front vers Georges. Mais vous n'étiez pas là.

— J'y serai toujours maintenant. »

On voit que la comtesse de Xaintrailles en était arrivée à ne plus vouloir que du masque de la vertu. Elle avait une fureur de gaieté, de passion, de curiosité qui la jetait toute en dehors. Elle avait endormi, sinon étouffé les plus adorables vertus de la femme. En six mois de folies, elle s'était métamorphosée en demi-mondaine. « C'est la faute de son sang, disait Cabarrus, son médecin, il ne faut pas lui en vouloir. »

Et pendant que la comtesse Valentine de Xaintrailles dévoilait ainsi les années de sa vie à son premier amoureux, Georges, penché au-dessus d'elle, baisait avec passion ses cheveux rebelles et parfumés épars au dehors de la baignoire. Il baisait aussi le cou, il baisait aussi l'épaule. Mais Valentine, toute rieuse, lui jetait des poignées d'eau à la figure. Il ne se tenait pas pour battu, il ripostait par des baisers. C'était un jeu charmant.

« Maintenant, dit-elle tout à coup, vous allez me faire le plaisir de passer dans le salon, parce que je vais sortir du bain.

— Puisque je suis un mythologue, lui dit-il, figurez-vous que vous êtes une Diane ou une Vénus qui sort de la fontaine ou de la mer, sans s'inquiéter des simples mortels.

— Je vous comprends, mais je ne suis pas de marbre.

— Je vous jure que je vous regarderai comme une statue, avec le sentiment de l'art.

— C'est égal, allez vous-en par là.

— Eh bien, savez-vous le fond de ma pensée? c'est que si vous étiez belle comme une déesse, vous ne vous cacheriez pas.

— J'y ai pensé, dit-elle, mais, tout bien considéré, j'ai encore de la pudeur, même pour ceux que j'aime.

— La pudeur! simple question d'atmosphère. »

XV

PROMENADE AU BOIS

Je ne sais pas bien ce qui se passa ce jour-là entre l'amoureux et l'amoureuse. Ce que je sais bien c'est que le lendemain, dans leur joie d'être ensemble, ils étaient allés déjeuner à Versailles.

En débarquant à l'hôtel des Réservoirs, Georges avait signé au livre des voyageurs : *Baron de Villafranca*. C'était son nom quand il voyageait. Il avait encore un autre pseudonyme pour se cacher dans les petites occasions : *Edmond Duclos*.

C'était au temps où Versailles n'avait pas encore

reconquis la dictature. On n'allait là que pour voir l'olympe de Louis XIV. Les amoureux trouvaient leur compte dans cette solitude des solitudes, hantée autrefois par toutes les passions et toutes les voluptés. Il en reste bien encore quelque chose. Les Lavallière, les Fontange, les Montespan répandent toujours dans les bosquets les douces senteurs de leurs chevelures dénouées. Qui n'est pas amoureux à Versailles n'a jamais été pris par les magies de l'amour.

Georges et Valentine amoureux à Paris furent amoureux à Versailles. Avant le déjeuner, pour aiguiser la faim, ils s'égarèrent dans le parc, elle, suspendue à son bras, lui, toujours penché pour lui baiser le front. C'était un gracieux spectacle de les voir tous les deux, ivres de jeunesse, sans souci du monde, oublieux du temps et cueillant l'heure. Georges oubliait même qu'il avait à peine de quoi payer l'addition à l'hôtel des Réservoirs.

Il paraît que ce ne fut pas un gracieux spectacle pour tout le monde, car un autre promeneur plus matinal encore faillit les heurter dans l'Ile d'amour.

C'était le comte de Xaintrailles.

Comment était-il là? C'était bien simple : Mlle Émilie, la femme de chambre de la comtesse, le trahissait et la trahissait pour se venger de tous les deux.

Mlle Émilie était une de ces créatures qui fleurissent dans la fange parisienne. Fille de couturière, elle avait eu des aspirations; mais elle avait manqué de figure et de tenue pour prendre les premiers rôles. Elle compta sur l'amour, mais elle eut d'abord à faire à un drôle qui la roua de coups et la dépouilla, quoiqu'elle n'eût encore rien. Elle se résigna à se faire femme de chambre, mais femme de chambre de grande maison, en attendant qu'elle pût se faire servir elle-même. C'était un caractère par la volonté; elle n'aimait rien que l'argent. Elle était fort caressante avec Mme de Xaintrailles; mais c'était les caresses du chat qui cache ses griffes. A l'époque où la comtesse commençait à tourbillonner dans les galanteries romaines, le comte, qui aimait les femmes pourvu que ce fussent des femmes, avait fait deux doigts de cour à Mlle Émilie, en lui disant que c'était en faveur des Parisiennes. La femme de chambre fut charmée d'être désagréable à sa maîtresse. Si bien qu'un jour Valentine trouva cette fille en tête-à-tête avec le comte, qui voulut se sauver de là en disant que c'était un quiproquo.

La comtesse, qui n'était pas sérieusement jalouse, avait pardonné à Émilie, croyant se faire une créature. Mais la femme de chambre aimait trop les trahisons et les catastrophes pour ne pas garder son libre arbitre et pour ne pas tromper le mari et la femme. Elle y trouvait d'ailleurs son compte et elle aimait beaucoup l'argent.

Voilà pourquoi M. de Xaintrailles avait été renseigné sur le voyage à Versailles.

Que fit-il en les voyant dans l'Ile d'amour? Un contre deux : on pouvait le jeter à l'eau. Il se détourna pour mieux jouir du tableau de son malheur.

Jusque-là, quoique séparé de sa femme, non pas officiellement, mais par les fugues perpétuelles de Valentine, il croyait encore à la vertu de cette belle aventureuse. Il n'y avait plus à douter.

« C'est bien, dit-il, je me vengerai. »

Les jeunes gens étaient si éperdus dans leur bonheur, si aveuglés par ce nuage de volupté dont Homère a couvert Mars et Vénus, qu'ils ne virent pas le mari. Une heure après ils déjeunaient gaiement à l'hôtel des Réservoirs, pendant que le mari déjeunait tristement à l'hôtel de la Chasse. Pauvre mari ! pourquoi ne pas dire : pauvres amants !

Le soir même, au café Anglais, Georges vit venir à lui deux hommes qu'il ne connaissait pas. Le plus grave prit la parole :

« Vous êtes bien M. le baron de Villafranca?

— Oui, dit Georges, qui se rappelait avoir pris ce nom-là le matin à l'hôtel des Réservoirs.

— Monsieur, le comte de Xaintrailles se trouve offensé par vous, il veut avoir demain matin raison de cette offense, voulez-vous nous dire les noms de vos témoins? »

Georges dînait avec trois amis; il les regarda tous les trois :

« Messieurs, leur dit-il, répondez. »

Deux des amis se levèrent et accompagnèrent

tout de suite les ambassadeurs de M. de Xaintrailles jusque sur le boulevard. Ils revinrent bientôt et demandèrent à Georges s'il reconnaissait avoir offensé le comte de Xaintrailles.

« Non-seulement je l'ai offensé, mais je veux l'offenser encore. Puisque ce n'est plus un secret, je vous dirai que j'adore sa femme, que ni lui ni ses témoins ne m'empêcheront de l'adorer aujourd'hui, demain, toujours. »

On décida que le duel aurait lieu le lendemain à huit heures dans les bois de Meudon. On se battrait au pistolet parce que M. de Xaintrailles avait perdu l'habitude de faire des armes.

On dîna rapidement, après quoi Georges courut à l'hôtel du Louvre, où Valentine l'attendait en lisant un journal du soir.

« Demain, lui dit-il, vous apprendrez quelque chose en lisant le journal. »

Elle eut beau le questionner, il ne voulut pas dire un mot de plus. Mais il avait beau vouloir refouler son inquiétude, une légère expression de mélancolie passait sur sa figure. Il était brave, mais il ne pouvait s'empêcher de penser à tout le bonheur qu'il perdrait s'il était tué le lendemain.

Dans la soirée, Valentine parla de son mari; elle raconta à Georges comment il la laissait sans le sou, sous prétexte de sauvegarder sa dot, dont il ne voulait pas se désemparer. Par malheur, M. de Margival avait généreusement donné à sa fille plus qu'il ne devait lui donner. Elle ne pouvait donc plus compter sur lui.

« Comment faire, dit-elle, pour ressaisir ma dot dans les mains crochues de cet avare?

— Ah! pardieu! s'écria Georges, qu'il ne se trouve jamais sur mon chemin, car je le provoque et je le tue en duel.

— Je ne lui veux pas de mal, dit Valentine, mais vous me feriez là une belle grâce. »

Il y eut un silence expressif. Elle continua :

« Mais c'est surtout à lui que vous feriez une belle grâce. Il a la goutte, il a la pierre, il a déjà la mort dans le cœur. Quand je pense que je suis allée m'enchaîner à ce tombeau, quand je pouvais me jeter dans vos bras et faire un mariage d'amour. »

Valentine se jeta dans les bras de Georges toute éplorée et toute éperdue.

« Ah! Georges, je vous aimais et je vous aime, tandis que cet homme je ne l'aimais pas et je le hais. Pourquoi Dieu a-t-il permis ce mariage sacrilége, quand il m'avait promise à vous? »

Valentine eut tout un quart d'heure d'éloquence. Georges eut tout un quart d'heure de passion.

« Ah! si je pouvais tuer demain M. de Xaintrailles! » se disait-il à lui-même.

Ils ne se tuèrent ni l'un ni l'autre.

M. de Xaintrailles tira le premier à vingt pas. Georges du Quesnoy se croyait sûr de son coup, mais il ne fit que défriser son adversaire. M. de Xaintrailles voulut recommencer. Les témoins de Georges obtinrent que les deux adversaires partiraient de vingt-cinq pas et tireraient quand ils voudraient.

Georges impatient tira le premier, toujours sûr de lui. Quand M. de Xaintrailles fut à dix pas, les témoins de Georges lui crièrent :

« Tirez donc! »

Il tira, mais n'atteignit pas non plus son rival.

Tous les deux demandèrent à recommencer, mais les témoins se récusèrent, en disant que c'était déjà trop.

Georges n'en revenait pas d'avoir cassé tant de poupées et de n'avoir pu toucher un homme, car c'était la première fois qu'il se battait au pistolet.

Quand il raconta son duel à Valentine, il lui dit :

« J'espérais vous apporter un extrait mortuaire, mais c'est à peine si j'ai coupé une mèche de cheveux à votre mari. »

XVI

QUE LE BONHEUR EST UN RÊVE
QUAND ON N'A PAS D'ARGENT

« Enfin, se disait Georges du Quesnoy, je tiens donc le bonheur sous la main. Mon idéal c'était Valentine : j'ai fini par atteindre mon idéal. »

Ce n'était pas encore le bonheur, Valentine n'aimait pas comme lui. C'était la curieuse et l'affamée. Elle se jetait à travers la vie pour toucher à tout et pour mordre à tout. Mais elle avait trop d'aspirations pour se contenter des joies de l'amour caché.

« Tu es trop belle pour m'aimer bien, disait

Georges. Il faut que tu montres ta beauté à tout le monde. Tu aimes encore mieux l'admiration que l'amour.

— Peut-être, disait-elle. Je suis comme la vigne : j'éclate dans ma séve, je brise mon corset. Mon cœur m'emporte au triple galop à toutes les sensations. J'aime tout ce qui est beau : les robes et les chevaux, la fleur dans l'hiver, la neige dans l'été, le soleil partout. Mon esprit a toujours soif et toujours faim. »

Georges lui disait souvent :

« Vois-tu, ton amour est charmant, mais il a des entr'actes. Tu m'embrasses bien, mais tes lèvres sont distraites. Quand tu me regardes, c'est divin, mais tu vois plus loin que moi. Ah! Valentine, ce n'est pas là le véritable amour. Si tu m'aimais comme je t'aime, tu viendrais vers moi sans détourner la tête et sans regarder au delà.

— O mon Dieu, oui! répondait gaiement Valentine. Tu voudrais me comparer à la louve affamée, qui court chercher la pâture de ses louveteaux, sans rien voir sur son chemin. Tu veux que je te serve mon cœur sans qu'une seule pensée étrangère l'agite et le fasse battre. Tu veux l'amour dans toute sa fureur et dans tout son aveuglement. Il y a peut-être des femmes qui donnent cet amour-là; va les chercher. »

Et, se reprenant :

« Non, prends-moi comme je suis. Vois-tu, mon cher Georges, tu ne seras jamais heureux, parce que tu cherches l'absolu.

— Ah! tu sais bien qu'il n'y a point d'absolu. »

Si Georges n'était pas heureux, même dans son bonheur, c'est qu'il pressentait déjà que Valentine lui échapperait comme un beau rêve.

Ce qui l'empêchait aussi d'être heureux, c'est qu'il n'avait pas d'argent et qu'il n'y a point d'amour sans argent — dans le beau monde.

C'était aussi le malheur de Valentine dans son bonheur. Quand le marquis Panino l'avait enlevée, il ne lui avait pas donné d'argent, mais il lui avait donné une vie fastueuse, à Bade, à Ems et ailleurs. Elle n'avait eu qu'à parler pour être obéie dans tous ses caprices de grande dame et de grande prodigue. Le marquis Panino n'avait pas jeté moins de cent mille francs dans ce voyage d'agrément s'il en fut.

C'était même pour cela qu'il l'avait « plantée là », comme on dit dans le beau monde. Il avait sans doute compris qu'avec de si belles dents elle lui croquerait sa fortune en quelques saisons. Rien n'est plus difficile, en amour, que de compter avec les femmes, ou plutôt de leur apprendre à compter, surtout quand on a commencé par prendre des airs de prince. Elles ne s'inquiètent pas de la question d'argent, ou plutôt elles ne veulent pas s'en inquiéter. Est-ce qu'on marchande l'eau aux fleurs et le millet aux oiseaux? Une femme est une fleur et un oiseau.

La comtesse de Xaintrailles était venue échouer sans un sou à l'hôtel du Louvre, poursuivie par son mari qui l'adorait, mais se cachant de lui. Si elle avait choisi cet hôtel de provinciaux de l'arrière-province, c'est qu'elle savait bien que le comte n'irait pas la chercher là.

Mais cela ne lui donnait pas d'argent. Une femme ne se fait jamais enlever sans ses diamants; mais la comtesse n'avait pas emporté sa parure des grands jours. A son arrivée à Paris, elle ne put mettre en gage qu'une broche et deux bagues. Les pendants d'oreilles étaient pour elle deux lumières pour sa beauté : elle ne voulait pas les éteindre. Aussi ne fut-elle pas longtemps sans crier misère à sa femme de chambre.

On sait que Mlle Émilie n'était pas la première venue. Ancienne femme de chambre d'une actrice, c'était une fille de ressources, pareille à ces anciens valets de comédie qui se mettaient en campagne pour trouver de l'argent à leur maître.

La comtesse s'était attachée à sa femme de chambre, et n'avait pu s'en séparer depuis son mariage, quoiqu'elle la trouvât trop familière avec le comte. Mais, dans sa fierté, Valentine avait dit devant les plus belles Romaines qu'elle mettrait sur son blason : « Jalouse ne daigne. » Ce n'était pas pour s'inquiéter des yeux noirs de sa femme de chambre, d'autant plus qu'elle se gardait bien de mettre le comte sous clef. Moins il était avec elle, plus il s'en trouvait bien.

Les femmes ne sont pas prévoyantes quand elles ont une fortune sous la main. Mais quand elles sont sans argent, elles se tournent vers le lendemain avec inquiétude.

Valentine se disait vaguement qu'elle avait encore sa dot, s'imaginant que deux cent mille francs sont un capital aujourd'hui. Mais comment reprendre sa dot? La femme de chambre lui amena un matin une marchande à la toilette de ses connaissances, qui lui prêta sur cette dot cinq mille francs, comme si c'était par amitié; d'autant plus que, ce jour-là, elle ne lui offrit rien de sa boutique.

XVII

LE MARI ET L'AMANT

Georges du Quesnoy s'imaginait qu'il était débarrassé du mari, mais il comptait sans le mari. M. de Xaintrailles avait commencé par le commencement, c'est-à-dire par le duel, voulant se donner les airs d'un galant homme, mais il voulait finir par les tribunaux.

Voilà pourquoi, un beau matin, le commissaire de police vint sonner à la porte de la comtesse, au n° 17 de l'hôtel du Louvre.

La femme de chambre, qui trahissait toujours

le mari et la femme, poussa un cri et tomba en syncope, comme si elle n'eût pas été prévenue de cette visite inopportune.

Mme de Xaintrailles, qui entendit ce cri, pressentit un malheur : elle se jeta hors du lit pour aller fermer le verrou de sa chambre ; mais il était déjà trop tard.

Le commissaire de police parut sur le seuil. Il n'était pas seul : M. de Xaintrailles se montra presque aussitôt. Le flagrant délit fut constaté, car la comtesse non plus n'était pas seule. La comtesse se jeta au-devant de son mari :

« Quoi ! lui dit-elle, furieuse, échevelée, menaçante, vous n'avez pas honte de venir ainsi chez moi !

— Chez vous ! madame, dit M. de Xaintrailles, je suis chez moi.

— Vous êtes chez moi ! » lui cria Georges du Quesnoy, qui venait d'arracher le rideau du lit pour se draper dedans.

Ce fut une vraie tragi-comédie.

Georges du Quesnoy voulut avoir raison du commissaire et du mari, mais il n'était pas assez habillé pour cela. Pourtant il les secoua si rudement tous les deux que le commissaire de police appela deux agents qui attendaient dans le salon. La force représentait la loi, la loi représentait la force.

Valentine finit par demander grâce à son mari.

« Monsieur, je vous abandonne ma dot, mais laissez-moi libre. »

Le mari n'avait plus d'oreilles pour sa femme.

Le soir, elle couchait au couvent des Dames-Sainte-Marie. Georges du Quesnoy couchait à la Conciergerie, non pour le flagrant délit, mais pour coups et blessures.

Il avait pu parler un instant à la femme de chambre en quittant le Grand-Hôtel.

« Je ferai votre fortune, lui dit-il, mais répondez toujours que vous ne savez pas qui je suis. »

En arrivant au greffe de la Conciergerie, il avait pu s'entendre avec Mme de Xaintrailles.

Comme quelques aventureux qui sont un peu aventuriers, Georges avait dans sa poche des cartes toutes faites pour les deux pseudonymes qui lui servaient souvent :

> **Edmond LEBRUN**
> CHIMISTE.
> Regent street, 93.

Et celle-là :

> **Baron de VILLAFRANCA**
> Hôtel du Louvre.

Lorsque le commissaire de police l'interrogea, il s'empressa de répondre qu'il se nommait Edmond Lebrun, chimiste, né à Turin, domicilié à Londres, habitant l'hôtel du Louvre pendant son passage à Paris.

Quand le juge d'instruction l'interrogea le lendemain, il le serra de près par ses questions. Mais il était homme à tenir tête à tous les juges d'instruction. Il lui fagota une histoire si vraisemblable, que celui-ci n'y vit que la vérité.

« Mais pourtant, monsieur, on ne vous connaît pas au Grand-Hôtel d'autre appartement que celui de Mme de Xaintrailles.

— Je suis venu de Londres tout exprès pour la voir.

— Vous la connaissiez donc?

— Je l'ai connue à Rome, à Nice, à Bade.

— Pourquoi ce nom de Villafranca quand vous vous êtes battu avec le comte?

— Quand je voyage, je prends un titre qui appartient à ma famille, je suis baron de Villafranca, mais le nom de mon père comme le mien est tout simplement Lebrun. Je me nomme Edmond Lebrun. »

Malgré les coups et blessures, Georges, grâce à son père, finit par obtenir sa liberté jusqu'au jour où il devrait répondre à l'accusation d'adultère.

La prévention fut longue, comme toujours; mais le matin même où le procès fut appelé, aucun accusé ne répondit à l'appel.

Les curieux en furent pour leur curiosité, car

l'affaire ne vint pas. M. de Xaintrailles, pour l'honneur de son nom, avait enfin compris qu'il était indigne de lui de faire ce procès. On rendit une ordonnance de non-lieu.

Il espérait que Georges du Quesnoy, à cause des coups et blessures, ne reparaîtrait pas de sitôt. Aussi chercha-t-il à se rapprocher de sa femme par toute une comédie sentimentale. Mais Valentine avait mis sur son blason : JE N'OUBLIE PAS. Non-seulement elle n'oubliait pas, mais elle voulait se venger.

Elle refusa de recevoir M. de Xaintrailles, quelles que fussent les prières de ses billets doux. Elle demanda une séparation de corps, voulant enfin disposer de sa fortune. Mais M. de Xaintrailles lui fit croire que la justice n'avait que suspendu son action ; si Valentine refusait de se remettre avec lui, il finirait par la faire condamner comme adultère. Il la menaça d'ailleurs de lui envoyer les gendarmes pour la réintégrer au domicile conjugal.

La comtesse était désespérée ; elle se penchait à toute heure à sa fenêtre de l'hôtel du Louvre, où elle était retournée, comme si elle dût voir revenir Georges du Quesnoy.

Elle avait repris sa femme de chambre, qui s'était juré à elle-même de ne plus trahir sa maîtresse, parce que le comte ne l'avait pas récompensée.

Huit jours se passèrent sans que la comtesse vît venir son amant. Enfin, un soir, vers minuit, on sonna à sa porte. Elle savait bien que ce n'était pas son mari. Elle ouvrit elle-même, la femme de chambre étant déjà endormie.

« C'est toi !

— Enfin ! »

Et des étreintes à perdre l'âme.

« J'ai deviné que tu reviendrais ici, voilà pourquoi j'y suis revenue. Que m'importe l'opinion des gens de cet hôtel ! L'opinion, c'est toi : si tu es content, je suis contente. »

On se conta les ennuis et les anxiétés de la prison et du couvent; on avait pu s'écrire, mais on n'avait pas tout dit; la hâine contre M. de Xaintrailles s'était accrue de toutes les douleurs subies depuis trois mois.

« Je me vengerai, dit Valentine.

— Je te vengerai, dit Georges.

— Songe qu'il tient ma fortune et qu'il me laisse sans argent.

Georges était désespéré de ne pouvoir mettre une fortune aux pieds de Valentine.

« Combien a-t-il à toi?

— 200,000 francs! toute ma dot. Il n'a pas pu la manger, puisque je suis mariée sous le régime dotal.

— Que dit ton père?

— Mon père lui donne tort, mais il me donne tort aussi. Il est d'ailleurs malade à Margival. Il ne veut pas encore revenir à Paris. Mes deux avocats, M° Allou et M° Carraby, me disent que je ne puis demander la séparation de corps si je ne suis d'accord avec mon mari. Et, d'ailleurs, même si on me donne raison contre lui, ce sera bien long. Le comte veut que je revienne chez lui. Que vais-je faire? que vais-je devenir?

— Comptez sur moi, dit Georges. »

Mais il ne pouvait pas même compter sur lui.

Vers une heure du matin, comme Georges

allait sortir de l'hôtel du Louvre, il fut rappelé par une voix de femme. C'était la femme de chambre de la comtesse.

« Monsieur, lui dit-elle, il ne faut pas que madame sache que je vous parle, mais je vous avertis que nous sommes tout à fait sans argent. On fait crédit à madame sur sa bonne mine et sur son titre de comtesse, mais les créanciers se fâcheront bientôt. Par exemple, avant-hier, nous avons acheté des dentelles aux magasins du Louvre, je les ai portées au Mont-de-Piété et je n'ai eu que 1,000 francs qui ont été éparpillés dans la journée, car madame devait ici avant d'aller au couvent. Ce qui ne l'a pas empêchée de donner cinq louis à une pauvre femme qui portait deux enfants dans ses bras. Or, aujourd'hui, on est déjà venu deux fois des magasins du Louvre. Jugez donc si on savait que nous avons mis les dentelles au Mont-de-Piété !

— Que vous ont-elles coûté ?

— Je crois bien que c'est 2,400 francs. »

Georges du Quesnoy fouillait dans sa poche.

« Tenez, ma chère, voilà cinq louis, ne dites

pas à la comtesse que je vous les ai donnés ; si on revient des magasins du Louvre, vous enverrez chez moi ; mais ne prenez pas la fièvre, ni vous ni votre maîtresse : je veille sur vous.

— Voyez-vous, monsieur, il n'y a qu'une chose à faire, c'est de se débarrasser du mari.

— Vous en parlez bien à votre aise.

— Ayez encore un duel avec lui, cette fois vous ne le manquerez pas. »

Georges alluma un cigare sous les arcades de la rue de Rivoli.

« Cette fille a raison, dit-il, il faut se débarrasser du mari. »

Comme il disait ces mots, l'heure tintait à Saint-Germain-l'Auxerrois, ce qui le ramena à ses impressions du monde invisible.

XVIII

LA PRÉFACE DU CRIME

C'était un vendredi; M. de Nieuwerkerke recevait. La plupart des invités étaient déjà partis, il ne restait plus chez lui que les intimes, qui assistaient, tout en fumant, aux spirituelles caricatures d'Eugène Giraud. Un peintre sortit, un ami de Georges du Quesnoy. Il le reconnut dans la nuit.

« Bonsoir, Georges, que diable fais-tu là à cette heure occulte? Est-ce que tu songes à aller coucher avec la Vénus de Milo?

— Non, je n'aime pas les femmes de marbre.

— Ni les antiques !

— Ah ! que vous êtes heureux, vous autres artistes, vous vivez de rien quand vous n'avez rien ; vous ne vous éparpillez pas aux quatre coins du monde. Vous êtes consolés de tout par la passion de l'art.

— Je te croyais l'homme du monde le plus heureux. Je t'ai rencontré avec la plus belle femme que j'aie vue, et on m'a dit que tu faisais de l'or.

— Allons donc ! je fais de la chimie et point de l'alchimie. Cela coûterait d'ailleurs plus cher à faire de l'or qu'à en acheter.

— Je ne suis pas en peine, tu es de ceux qui ne restent pas en chemin. Quand on te voit, on juge que tu monteras haut. Adieu, je vais me coucher. »

Resté seul, Georges murmura :

« Je monterai haut. Si j'étais superstitieux, je dirais que tout me conduit à la guillotine. »

Il vit alors dans les parterres du Louvre une guillotine avec le bourreau, le prêtre et le condamné.

Dans l'après-midi du lendemain, Émilie lui apporta cette lettre de sa maîtresse :

Mon ami,

Je suis désespérée; M. Dufaure, avocat de mon mari, est venu me voir tout à l'heure. Il m'a dit les choses les plus éloquentes en me parlant du devoir. Si tu ne viens pas tout de suite me voir, je serai peut-être assez bête pour retourner avec le comte. Tu sais, d'ailleurs, que je n'ai pas d'argent et que je ne veux pas que tu m'en donnes.

Je t'attends.

VALENTINE.

« Oh monsieur ! dit la femme de chambre, c'est moi qui suis au désespoir. Nous voyez-vous rentrer avec monsieur ? Il paraît qu'il nous emmènera à Rio de Janeiro. C'est à se jeter à l'eau. Vous n'êtes pas un homme à ne pas trouver un truc pour nous tirer de là. Du reste, moi je m'en moque, parce que moi je ne partirai pas. Chacun a ses affaires à Paris.

— Je comprends, vous ne voulez pas emmener

votre amant au delà des mers? Vous figurez-vous que je vais laisser partir Valentine? Jamais!

— Comment ferez-vous?

— Ah! si vous vouliez être de moitié dans l'aventure, ce serait bientôt fait.

— Voyons, parlez. »

Georges ne parla pas si vite.

« Non, dit-il. C'est tenter le diable :

> Souvent femme varie,
> Bien fol qui s'y fie.

— Vous ne me connaissez pas! je ne suis pas une grue, ni une éventée.

— Qu'est-ce que votre amant?

— Mon amant? J'en avais deux, un surnuméraire à la Banque et...

— Et?...

— Le comte de Xaintrailles!

— Quoi! vous trahissiez la comtesse?

— Non, je trahissais le comte : il n'avait pas de secret pour moi et je n'avais pas de secret pour madame.

— O temps! ô mœurs! s'écria Georges, qui ne

pouvait s'empêcher de « blaguer », même dans les moments les plus critiques.

— Oui, mais maintenant, n-i ni, c'est fini.

— Vous ne pourriez pas le réacpincer, cet Othello?

— Oh! il ne faudrait pas me mettre en quatre pour cela.

— Eh bien, allez-y gaiement, je vous dirai pourquoi.

— Non, dites-le-moi d'abord.

— C'est que quand vous serez redevenue sa maîtresse, nous serons maîtres de lui.

— J'y vais de ce pas.

— Allons donc!

— Comme je vous le dis! Voici une lettre que madame vient de me donner pour le comte; au lieu de la mettre à la poste, je cours la lui porter. »

Et Émilie partit du pied gauche pour aller trouver le comte qu'elle ne voyait plus, tandis que Georges du Quesnoy partait pour l'hôtel du Louvre.

Il la rappela dans l'escalier :

« Pas un mot au surnuméraire.

— Êtes-vous bête !

— Je connais du monde à la Banque, je vous réponds qu'il fera son chemin.

— J'en accepte l'augure. »

Quand Georges du Quesnoy fut avec Mme de Xaintrailles, il s'aperçut que l'avocat du comte avait bouleversé ce jeune esprit ardent à tout, même au bien. Elle avait déjà tempéré sa passion. Elle comprenait qu'une femme bien née doit être prête à tous les sacrifices. On lui pardonnerait ses folies, qui n'étaient que des folies d'une heure, si elle redevenait loyalement la comtesse de Xaintrailles. Au contraire, que ferait-elle en se maintenant dans sa révolte? Le comte, justement blessé, la punirait en s'opposant à une séparation de corps. Il continuerait à retenir ses biens. Son père menaçait de ne plus la recevoir. Elle n'avait pas à Paris une seule amie qui lui tendît la main.

« Tant pis, mon cher, dit-elle à Georges. C'est l'heure de la résignation.

— Ah! si j'avais tué votre mari en duel!

— Oui, vous avez manqué l'occasion ce jour-là de faire notre bonheur à tous les trois. »

Et quoiqu'elle eût bien envie de pleurer, Valentine se mit à rire.

Georges du Quesnoy était au paroxysme de la passion. En la voyant si belle, en la voyant si près de lui échapper, il jura qu'elle ne serait plus au comte.

Le soir, il eut une seconde conférence avec la femme de chambre. Émilie lui conta qu'elle avait été fort mal reçue par M. de Xaintrailles. Il était malade. Elle avait pénétré jusqu'à son lit, mais il s'était écrié qu'il ne la voulait plus voir tout en lui montrant la porte.

« Alors, vous ne le verrez plus?

— Je ne suis pas fille à obéir quand on me dit de m'en aller. J'ai si bien fait mon compte, qu'une demi-heure après j'étais encore au chevet de M. Xaintrailles, lui rappelant les beaux jours de Rome et de Tivoli, quand il me disait que plus je l'aimais, plus il aimait sa femme. En un mot, j'ai triomphé à ce point qu'il m'a priée de retourner demain. Il a fini par me dire : « Tu as bien fait de venir me demander ton pardon, sans quoi je ne t'aurais pas gardée quand la comtesse va revenir chez moi. »

— Quoi! s'écria Georges, il en est si sûr que cela?

— Oui, son avocat n'en doute pas.

— Eh bien, il était temps de se mettre en travers.

Georges du Quesnoy demanda à Émilie quelle était la maladie du comte.

Elle lui répondit que c'était une névralgie qui lui faisait souffrir mille morts. Il souffrait en outre de la goutte et de la pierre, mais son médecin, qui était venu ce jour-là, lui promettait que dans huit jours il serait debout.

— Eh bien, je vous réponds que dans huit jours il ne sera pas debout, dit Georges en se mordant les lèvres.

Vers minuit il alla se jeter encore aux pieds de la comtesse de Xaintrailles, pour lui dire tout son désespoir, à la seule idée de la voir retourner avec son mari.

Elle parut bien peu touchée; elle semblait n'écouter que son devoir, ou plutôt elle était toute soumise encore aux conseils de M. Dufaure. Le célèbre jurisconsulte lui avait montré le néant de toutes ces passions bâties sur un volcan, qui n'enfantent que la douleur et le remords.

« Non, se disait-elle, quand on porte mon nom, on n'a pas le droit de trahir la société. Je veux reconquérir la considération; le bonheur que vous me donnez m'épouvante. Je vous aime encore, mais je sens que je vous haïrais bientôt. Je vais quitter cet hôtel de malheur...

— Pouvez-vous dire cela? Valentine.

— Cet hôtel de bonheur, si vous voulez. J'ai déjà envoyé ma femme de chambre au comte pour le soigner. Moi, je vais retourner au couvent pour faire quarantaine. »

Georges eut toutes les éloquences, toutes les caresses, toutes les colères.

« Quoi! lui dit-il, je vous avais presque oubliée; c'est vous qui m'avez appelé, et c'est vous qui me rejetez. Que voulez-vous que je fasse dans ce désespoir? Ce sera le coup mortel.

— Vous vivrez de souvenirs, comme moi. Ou plutôt, comme vous êtes un homme, vous oublierez et vous aimerez une autre femme. Pour moi, je vous jure que je n'aurai aimé que vous. Votre souvenir sera ma seule joie.

— J'étais déjà perdu à moitié, reprit Georges en marchant à grands pas, vous me précipitez au fond de l'abîme, au lieu de me sauver.

— Mon ami, ne dites pas cela. Vous savez que si je le puis, je vous tendrai les bras. Jusqu'ici vous avez perdu votre temps, mais vous êtes si jeune que vous vous relèverez de toutes vos folies. Je connais trois ministres, voulez-vous que j'aille les trouver pour vous? Je n'ai pas encore perdu mon crédit, voulez-vous être magistrat, consul, sous-préfet?

— C'est cela; vous voulez m'exiler.

— Vous êtes fou! je veux vous emprisonner dans un devoir rigoureux, comme je veux m'emprisonner moi-même dans la maison de mon mari. »

Georges prit la main de Valentine. « Eh bien, non, c'est au delà de mes forces. J'aime mieux mourir que de vous perdre. »

Et, se penchant pour l'embrasser : « Tu ne sais donc pas comme je t'aime? »

La comtesse leva ses beaux yeux sur son amant.
« Tu ne sais donc pas comme je t'aime aussi? » dit-elle.

Il retomba à ses pieds et il pleura.

Elle pleura aussi.

Il croyait l'avoir reconquise, mais elle se releva de cette rechute.

« Non, mon ami, lui dit-elle, je ne serai plus votre maîtresse. Vous êtes cruel de me décourager. Redevenez un homme et non un enfant.

— Si je vous décourage, c'est parce que je sais bien que vous voulez jouer un rôle qui n'est pas le vôtre. Les femmes ne se repentent jamais si jeunes.

— Je m'appelle Valentine, mais je m'appelle aussi Madeleine.

— Madeleine ne s'est repentie que parce qu'elle a aimé Dieu lui-même. Mais ce n'est jamais avec M. de Xaintrailles que vous vous repentirez. Vous aller tenter l'impossible ; aussi, dans six mois, vous aurez planté là votre mari pour la troisième fois ; car ne m'avez-vous pas dit vous-même que vous aviez voulu vous repentir avec M. de Xaintrailles de votre aventure avec le marquis Panino?

— Eh bien, si je n'ai pas la force du devoir, j'aurai la force de l'amour : je viendrai me jeter encore dans vos bras. Mais, pour aujourd'hui, ne perdez pas votre temps ; je vous jure que vous ne gagnerez rien.

— Vous me donnerez un quart d'heure de grâce?

— Je vous offrirai à dîner, si vous voulez, à la condition que vous me donnerez de l'appétit. »

Ils dînèrent ensemble dans le petit salon, comme ils avaient souvent dîné aux meilleurs jours de leur passion. Georges voulait encore se faire illusion, tout en s'avouant que c'était lui qui avait toujours été dominé. Elle avait eu beau s'abandonner avec les voluptueuses lâchetés de l'esclave, il n'était jamais parvenu à se rendre maître de cet esprit rebelle. La raison, ce n'est pas seulement sa timidité presque enfantine dans le Parc-aux-Grives ; c'était qu'il l'aimait trop. Pour Valentine, quand elle était devant lui, il y avait toujours une société, une famille, un Dieu. Pour lui, il n'y avait plus rien que Valentine.

Après le dîner, il aurait bien voulu rester encore — rester toujours, — mais Valentine lui dit qu'elle avait promis à M. de Xaintrailles d'aller passer une heure avec lui, et que, pour rien au monde, elle ne manquerait à cette promesse. « Songez donc, lui dit-elle, il est si malade que ce serait un homicide. »

Il fallut bien que Georges se résignât. « A demain, dit-il à Valentine.

— Qui sait! » répondit-elle.

Mais elle le vit si triste, qu'elle se hâta d'ajouter un de ces *oui* charmants que les femmes savent si bien dire.

Georges eût peut-être, d'ailleurs, insisté davantage, s'il n'eût été attendu à une table de jeu, car le bonheur ne lui avait pas fait perdre ses bonnes habitudes des jours malheureux.

Le lendemain, quand il vint pour voir la comtesse, elle n'y était pas. Il vint jusqu'à trois fois sans la trouver. Il revint le surlendemain. Cette fois, on lui donna ce mot :

« Adieu! nous ne nous verrons plus. Si vous m'aimez encore, ne cherchez pas à me rencontrer. »

Georges devint pâle. Il eut froid au cœur ; il lui sembla qu'il allait mourir.

Il questionna, et on lui apprit que la comtesse avait quitté l'hôtel pour n'y pas revenir. Elle était retournée au couvent de Sainte-Marie.

Il courut au couvent, mais ne fut pas reçu. On lui apprit que la comtesse était toute seule, même sans sa femme de chambre. Il écrivit, mais on ne lui répondit pas.

Il était si désespéré qu'il en devint presque fou. Cette fois c'en était fait. Valentine mariée n'était pas si loin que ne le devenait Valentine repentie. Il ne la verrait donc plus ! Il ne rallumerait pas cette belle passion qui le tuait dans les délires et les délices ! Il fallait donc tenter l'impossible pour arracher cette pécheresse à son repentir ! Pour la ramener dans ses bras, plus égarée que jamais, pour lui prouver que la vie c'était l'amour !

Mais il aurait beau faire, c'était tenter l'impossible, à moins que le comte ne mourût.

« C'est moi qui suis mort ! » s'écriait Georges.

Il s'était si bien habitué au savoureux parfum

de Valentine, qu'il voulut habiter la chambre même qu'elle occupait à l'hôtel du Louvre. Aucun voyageur n'y était encore entré ; il s'y précipita et s'y enferma avec une sombre volupté. Il se jeta sur le lit, il baisa l'oreiller, il s'enroula dans les couvertures. Il aurait voulu rattraper de chez la blanchisseuse les draps de la comtesse.

« Ici, se disait-il, au moins je ne suis pas aussi loin d'elle ! je la sens partout ! Cette pendule-là parlait de moi. »

Et il portait ses lèvres partout et sur toutes choses, ne comprenant pas lui-même que la folie humaine puisse égarer ainsi un homme.

« Oh! Valentine, Valentine ! comme je vous aime ! » dit-il en tombant agenouillé devant le lit.

Quoiqu'il n'eût pas beaucoup d'argent, il paya huit jours d'avance pour être bien sûr qu'on ne lui enlèverait pas la chambre de Valentine.

Dans l'aveuglement de sa passion, il se hasarda rue de Penthièvre, jusqu'à l'appartement du comte. Ce fut Émilie qui vint lui ouvrir.

« Pourquoi avez-vous quitté la comtesse?

— Je ne l'ai pas quittée pour longtemps, puisqu'elle doit venir ici la semaine prochaine. D'ailleurs, vous savez bien que je suis devenue la garde malade du comte.

— Comment va-t-il?

— Vous êtes bien bon! ni bien ni mal. Mais il a trop de maladies à la fois pour en avoir une bonne.

— Il faut que je voie la comtesse.

— Ah! si madame a dit non, c'est non! Je la connais encore mieux que vous; quand vous verrez madame, c'est que madame voudra vous voir.

— Elle vient ici?

— Oui! elle est venue hier, elle reviendra demain. Mais je suppose que vous ne songez pas à lui donner ici un rendez-vous. D'ailleurs, elle ne vient pas seule; elle est accompagnée de Mme de Fromentêl, une autre femme romanesque, qui, depuis la mort tragique de votre frère, passe la moitié de sa vie à pleurer au couvent de Sainte-Marie.

— Il faut pourtant que je voie Valentine. Je lui ai écrit, elle ne me répond pas. Si vous la voyez demain, dites-lui bien que tout ceci finira mal. »

Cette petite conversation se passait, moitié dans l'antichambre, moitié sur le palier; car ni Georges ni Émilie n'avaient franchi le seuil.

La femme de chambre baissa la voix pour murmurer : « Tout ça finirait bien, si le comte aimait assez sa femme pour en mourir. »

XIX

LE CRIME

Cependant Georges n'était plus maître de sa passion ni de son désespoir. Il souffrait les mille morts de l'amour. Il ne dormait pas, il ne mangeait pas, il ne vivait pas. Il subissait tous les tourments et toutes les angoisses. Cette femme attendue si longtemps! Cette femme retrouvée et reperdue, Dieu la lui rendrait-il?

« Mais il n'y a pas de Dieu, dit-il avec colère. Il n'y a pas de Dieu, puisque le bonheur est impossible, puisque la vie est trahie à chaque pas, puisque les rêves ne sont pas des rêves, puisque notre pain quotidien est la douleur, puisqu'une heure de joie se paye par une éternité de larmes! »

Et quand Georges eut bien déclamé ces imprécations, il s'écria : « Si Dieu n'existe pas, c'est aux hommes forts à faire la justice. Pourquoi ne tuerais-je pas le comte de Xaintrailles, puisque c'est lui qui m'a volé mon bonheur ? »

Il s'enhardit dans cette belle idée, en appelant à lui tous les docteurs de l'athéisme. Qu'est-ce qu'un homme inutile de plus ou de moins ? César, Napoléon, ne passent pas pour des homicides, quoiqu'ils aient tué des millions d'hommes.

Ce fut en vain que son imagination — ou sa conscience — lui montrait à l'horizon la guillotine, que la chiromancienne lui avait prédite ; il était décidé à tout braver, étouffant en lui toute prescience et toute divination ; niant les mystères de l'inconnu, après les avoir expliqués.

« Mais comment me débarrasser de cet homme ? » se demandait Georges.

On s'habitue au crime comme au poison.

A la première idée, on se révolte ; la conscience

ferme la porte, c'est à peine si on ose regarder le crime par la fenêtre.

C'est aussi l'histoire de la femme qui s'effraye d'abord de prendre un amant. Quand elle s'abandonne à cette pensée, elle croit encore que c'est un rêve irréalisable. Quand elle savoure par avance les voluptés de l'amour, elle ne peut pas s'imaginer qu'elle franchira jamais le Rubicon.

La minute qui précède le crime ou la chute semble l'éternité : on n'y arrivera jamais.

Georges était bien né ; il appartenait à ce monde chrétien qui se résigne et qui ne se révolte pas. Il avait vécu sa première jeunesse dans toutes les soumissions aux lois de l'Évangile, ce code des codes. Le paradoxe avait hanté ses lèvres sans descendre dans son cœur ; il sentait Dieu en lui. L'amour de la famille le sauvegardait, comme l'amour des lettres, car il avait trouvé dans l'histoire une seconde famille. Tous ceux que le génie a doués étaient des siens, depuis Hésiode jusqu'à Lamartine, depuis Achille jusqu'à Napoléon, depuis Apelle jusqu'à Delacroix.

Si, au temps de ses études, quand il prenait la

plume pour expliquer les maîtres de toutes les langues, on lui eût dit : « Cette main-là frappera du poignard, ou versera le poison, » il se fût noblement indigné, en s'écriant : « Je me nomme Georges du Quesnoy, du nom de mon père. » Et il eût pris à témoin toutes les figures qui lui étaient sympathiques, tous ses amis d'élection dans le monde ancien et dans le monde moderne.

Ce qui l'eût indigné alors l'indigna encore, même après ses déchéances morales, quand le désœuvrement eut couvert cette intelligence d'élite dont on pouvait tout espérer ; mais l'homme avait trop abdiqué pour que la passion ne fût pas plus forte que son cœur. Il n'était plus capable que de faire un sacrifice à lui-même, l'homme périssable, au lieu de le faire à sa conscience, l'âme immortelle.

En quelques jours, Georges s'habitua donc au crime. Mais comment pratiquer le crime ? S'il eût obéi à son tempérament, il eût pris le poignard, car il gardait une haine violente à cet homme qui l'avait jeté en prison, pour ce qu'il appelait un délit de droit commun ; mais il choisit le poison, pour pouvoir cacher son crime à tout le monde, surtout à Valentine.

Il pensa d'abord au poison des Indiens. Il irait trouver le comte de Xaintrailles ; il lui demanderait raison de ses nuits blanches à la Conciergerie, de sa fièvre de prisonnier ; dans sa colère, il lui saisirait le bras et ferait pénétrer le poison dans la chair, par les angles d'une bague imbibée. Tout le monde sait que ce poison est le plus violent et le plus rapide.

Ou bien encore, il verserait dans un des breuvages du malade son fameux poison des Médicis, soit celui qui tue à l'instant même, soit celui qui tue lentement. Grâce à la femme de chambre, consciente ou inconsciente, cela n'était pas bien difficile.

Ou bien encore, il porterait à Émilie, pour tenir compagnie au comte, le cerf-volant du charnier qui donne le charbon.

Et l'aconit, ce capuchon de Vénus, avec ses jolies fleurs blanches et violettes qui vous endorment dans l'éternité !

Mais, comme depuis quelque temps il avait

étudié les effets inouis de l'eau de laurier-cerise, il se décida à se servir de ce poison, peut-être parce que c'était le plus nouveau.

Il était, d'ailleurs, armé de toutes pièces. A partir du jour où il conçut le crime, quoiqu'il ne fût pas bien décidé à le commettre, il portait toujours sur lui trois ou quatre poisons, sans parler d'un révolver américain, un bijou s'il en fut.

Georges avait traversé plus d'une aventure périlleuse. Il disait que rien ne préserve de la mort comme la mort elle-même. Il ne sortait donc jamais sans elle.

Il ne hâta pas les choses, espérant encore que M. de Xaintrailles mourrait de sa belle mort. Le lendemain, il retourna rue de Penthièvre, espérant toujours voir Mme de Xaintrailles; mais ce jour-là elle ne vint pas. Il retourna le surlendemain. A le voir errer par la rue, avec l'inquiétude peinte sur sa figure de plus en plus pâlissante, les sergents de ville commençaient à se confier qu'il méditait sans doute un mauvais coup, à moins qu'il ne méditât tout simplement d'enlever une des dames du quartier.

A force d'aller et de venir ce jour-là sans voir arriver Valentine, Georges se décida pour la seconde fois à monter chez M. de Xaintrailles. Ce fut la cuisinière qui lui ouvrit. Il ne voulut pas entrer, disant qu'il ne voulait parler qu'à la femme de chambre. La cuisinière alla avertir Émilie, qui vint sur le palier, à moitié endormie, parce qu'elle ne s'était pas couchée la dernière nuit.

« Ce n'est pas moi que vous voulez voir, dit la femme de chambre à Georges, mais je vous avertis que vous ne verrez plus madame; elle est venue ce matin avec son père; la réconciliation a été des plus touchantes. Je ne dis pas que cela amuse beaucoup madame, mais elle s'y résigne. Dans quelques jours, elle partira pour le Brésil ou pour la Perse, car on ne sait pas encore où monsieur sera nommé ministre.

— Le comte va donc mieux?

— Hélas! oui. Pourtant, selon moi, il a encore une patte dans la tombe; les nuits sont très-mauvaises; la fièvre le fait divaguer comme un fou; pour moi, je suis au bout de mes forces.

— Jetez-lui donc sur le nez un mouchoir imbibé de chloroforme, pour le calmer un peu.

— Oui, mais je n'ai pas de chloroforme. Justement je voulais en demander au médecin parce que j'ai mal aux dents. »

Georges donna à Émilie une petite fiole, fermée à l'émeri, pleine d'extrait de laurier-cerise.

« Qu'à cela ne tienne, dit-il, voilà qui vaut mieux que du chloroforme. Si vous buviez tout cela, vous n'auriez plus jamais mal aux dents. Mais vous avez trop d'esprit pour faire une bêtise, surtout quand je pense à votre fortune. Bonsoir. »

Georges n'ajouta pas un mot. Dès qu'il fut sorti, il alla droit au café de la Paix pour écrire à Mme de Xaintrailles; mais il eut beau donner cent sous à l'Auvergnat qui porta la lettre, cet homme ne rapporta pas de réponse.

« Oui, dit-il, c'est bien fini, à moins que le comte ne s'en relève pas. »

Et après avoir pensé à sa fiole d'extrait de laurier-cerise :

— Si Émilie me comprenait! murmura-t-il. Mais

je ne me suis pas assez bien expliqué pour me faire comprendre.

Le soir, quoiqu'il n'eût pas trop l'espérance de rencontrer Valentine rue de Penthièvre, il y retourna aussitôt son dîner; un dîner sommaire s'il en fut, car depuis quelques jours il n'avait pas faim.

Après avoir dépêché une fruitière à la femme de chambre, comme cette fille refusait de descendre, il monta pour lui parler.

Cette fois ce fut le valet de chambre qui lui ouvrit. La femme de chambre vint bientôt et lui dit qu'il était fou de se montrer dans la maison.

« Heureusement, ajouta-t-elle, que j'ai dit que vous étiez médecin; mais, je vous en prie, ne venez plus, si vous voulez que tout aille bien.

— L'eau de laurier-cerise a-t-elle calmé votre mal de dents?

— Je crois bien! à la première goutte, je dormais debout.

— C'est souverain! Vous pouvez en donner au comte, avec l'approbation de son médecin. Il vous signera une ordonnance. Il le faut, car s'il arrivait un malheur, on ne manquerait pas de dire que vous avez voulu empoisonner ce moribond.

— Est-ce que c'est du poison ?

— Oui, si on prenait toute la fiole dans une tisane.

— A bon entendeur, salut ! Mais allez-vous-en bien vite. »

On montait dans l'escalier. C'était une femme. Georges ne fut pas peu surpris de reconnaître Valentine. Elle était préoccupée et ne regardait pas ; si bien qu'elle ne vit pas que c'était lui quand il lui saisit la main.

« Vous ! » s'écria-t-elle.

Elle faillit se trouver mal.

« Oui, je vous poursuivrai jusque chez votre mari. Je veux vous voir et vous parler, ne fût-ce que pour la dernière fois.

— Georges ! vous allez me perdre. Que dirait-on si on vous voyait ici ?

— On dira ce qu'on voudra. J'ai le cœur brisé ; j'ai la tête perdue.

— De grâce ! laissez-moi, dit la comtesse en

dégageant sa main. Vous savez bien que tout est fini.

— Je sais que je veux vous voir encore, ne fût-ce qu'une heure, ne fût-ce qu'un instant.

Georges avait ressaisi la main de Mme de Xaintrailles.

— Eh bien, dit-elle, subissant cette volonté plus forte que la sienne, demain matin, à dix heures, j'irai vous voir à l'Hôtel du Louvre.

— Vous me le jurez ?

— Je vous le jure ! »

On se sépara. Je ne sais si le comte remarqua que sa femme était très-émue en venant lui dire bonsoir. Il se plaignit d'être plus malade que le matin. Son médecin avait eu peur d'un érysipèle; sa névralgie était plus insupportable que jamais : « Quelle nuit je vais passer ! » dit-il.

La comtesse lui promit de venir le veiller le lendemain. Elle lui proposa même de rester ce jour-là; mais M. de Xaintrailles lui dit qu'elle était trop bien habillée pour cela. Le bruit de sa robe de soie l'agaçait, tant il était énervé. Ils se dirent adieu, sans se douter que ce fût le dernier adieu.

Le médecin revint vers onze heures; le comte dormait. La femme de chambre dit qu'il fallait une potion pour que la nuit fût bonne, car elle ne doutait pas que le comte ne se réveillât bientôt. Elle parla d'eau de laurier-cerises, disant qu'un ami de M. de Xaintrailles lui avait conseillé d'en prendre quelques gouttes dans du lait.

Le médecin ne fit aucune difficulté de signer une ordonnance d'eau de laurier-cerise. Il était venu entre deux entr'actes des Italiens, en se disant sans doute que cette visite payerait sa stalle. Il raffolait de la Patti, qui chantait pour la dernière fois.

LIVRE III

LES MAINS PLEINES DE SANG

> La mort n'est pas une porte qui se ferme, c'est une porte qui s'ouvre. Mais la porte de l'Enfer s'ouvre sur le Paradis.
>
> OCTAVE DE PARISIS.

> Dieu a créé une peine pour chaque joie. La porte du Paradis s'ouvre sur l'Enfer. Mais la porte de l'Enfer s'ouvre sur le Paradis.
>
> Mlle CLÉOPATRE.

> L'amour qui perd son bien est comme Prométhée sur son rocher. Il ne voit rien autour de lui, rien que la mer, qui vient pleurer ses larmes trois fois amères jusqu'à ses pieds meurtris. Il attend, mais le vautour vient seul, qui, sous son bec affamé, lui boit le cœur jusqu'à la dernière goutte de sang.
>
> GEORGES DU QUESNOY.

> Pleure pour te consoler. Meurs pour revivre.
>
> MAHOMET.

I

LA TROISIÈME VISION

Georges du Quesnoy savait-il déjà la destinée de M. de Xaintrailles, vers onze heures du soir, quand il se promenait sur le boulevard des Italiens ?

Sans doute sa conscience était inquiète, car il murmurait entre ses dents :

« Je ne veux pas vivre sans cette femme. Ceinture dorée vaut mieux que bonne renommée. Il y a des crimes qui sont de belles actions. Si cet homme meurt, il délivre sa femme. C'est le bonheur de sa femme, par contre-coup c'est mon bonheur. Et puis, qu'est-ce que tuer un homme déjà penché sur le tombeau? C'est lui donner une chiquenaude. M. de Xaintrailles est déjà mort à toutes les joies de la terre. Si je brise ses chaînes corporelles, si je renverse les murs de sa prison, je lui ouvre le ciel à deux battants, car un homme assassiné meurt en état de grâce. Que ferait sur la terre cet homme qui n'a plus la force d'avoir des passions? C'est le fourreau sans la lame, c'est la tige sans les fleurs, c'est l'autel sans le dieu. M. de Xaintrailles, là-haut, aux voûtes éthérées, me bénira des deux mains pour l'avoir frappé. Dans onze mois, quand j'épouserai sa femme, il nous bénira tous les deux. Onze mois! c'est la loi qui a marqué ce chiffre. Onze mois, quelle ironie! puisqu'il y a onze mois que j'ai épousé Mme de Xaintrailles. »

Georges cherchait dans les fumées du vin de Champagne à jouer au grand criminel et à tuer sa conscience, mais sa conscience était encore debout.

Au moment où il se disait toutes ces belles choses, il coudoya sur le boulevard une fille de joie qui lui jeta au nez un rire insolent. Il faillit tomber à la renverse.

Il venait de reconnaître la jeune fille du Parc-aux-Grives, la danseuse enragée de la Closerie des lilas, la bacchante saoûle du bal de l'Opéra.

« C'est elle, c'est vous ! C'est toi ! O mon Dieu ! Tant de beauté radieuse ! Je t'aurais payée de ma vie, et tu ne vaux pas une pièce de cent sous ! »

Elle restait devant lui, immobile et silencieuse comme une statue de marbre, les yeux allumés, la bouche flétrie, les joues ravagées, sans un battement de cœur.

« Non, ce n'est plus toi, je ne te reconnais plus, » dit Georges effrayé.

Elle lui tourna le dos et s'en alla à un autre. Il suivit des yeux sa robe soutachée, dont les couleurs criardes attiraient tous les yeux.

« Et pourtant, si j'allais à elle, si je l'entraînais chez moi, si je l'interrogeais ? Il faut que je sache toute l'histoire de cette douloureuse décadence ; mon cœur saigne devant une chute si profonde ; cette jeune fille n'avait donc pas de mère ! Mais il reste toujours un peu de place dans le cœur pour le repentir : Madeleine avait encore des larmes pour laver les pieds de Jésus-Christ. »

Il rejoignit la fille de joie, qui, une seconde fois, s'arrêta silencieuse devant lui. Elle lui montra un magnifique collier de perles fines, un camée antique du plus haut prix, des bagues allumées de diamants.

« O pauvre folle ! dit Georges avec abattement, tu crois donc que la beauté s'achète avec de l'or ? Je t'ai connue plus belle il y a huit ans dans le Parc-aux-Grives, quand tu n'avais que des marguerites pour diamants. »

Elle sourit et pencha sa tête.

« Autres temps, autres mœurs, reprit-il. Du reste, ta beauté est encore vivante et glorieuse. Quelle opulence de corsage ! »

Georges avança la main sans façon. Le corsage se dégrafa, et un poignard ensanglanté tomba à terre. La fille de joie le ramassa et s'enfuit en toute hâte.

« La coquine, dit une de ses pareilles en passant, elle cache son crime, mais elle sera guillotinée. »

Georges crut sentir passer sur son cou le froid du couteau.

« De quoi est-elle coupable ? demanda-t-il à celle qui passait.

— Qui ! quoi ! que dites-vous ? je ne comprends pas.

Georges ne comprenait pas lui-même. Il parla du poignard ensanglanté, mais on lui rit au nez.

Dans son épouvante, il marcha d'un pas rapide vers l'hôtel du Louvre. Il se coucha, mais il eut toutes les peines du monde à s'endormir.

« Que se passera-t-il donc demain ? se demandait-il. Est-ce que ma destinée veille et travaille cette nuit ? Après tout, si le comte est empoisonné, c'est la fatalité qui aura versé le poison. »

II

LE LENDEMAIN

Quand Georges se réveilla, huit heures sonnaient à Saint-Germain-l'Auxerrois.

« Un beau jour, » dit-il, en voyant jouer gaiement un rayon de soleil.

Il pensa au comte et à la comtesse de Xaintrailles, — à l'eau de laurier-cerise et au rendez-vous.

Un beau jour, en effet, car à la même heure il y avait du nouveau rue de la Pépinière, chez le comte de Xaintrailles. Le docteur Tardieu avait été appelé au point du jour. Je ne puis mieux faire que de donner mot à mot son procès-verbal, que je trouve dans la *Gazette médicale* :

« J'arrivai à cinq heures du matin chez le
« comte de Xaintrailles qui venait d'être empoi-
« sonné.

« Le comte avait bu à peu près soixante
« grammes d'eau de laurier-cerise, si j'ai bien
« jugé par la fiole qui était sur la table de nuit.

« Il tomba tout de suite saisi de vertige, selon
« le rapport de la femme de chambre.

« Déjà le médecin du malade avait voulu
« agir par les contre-poisons. Mais il venait de
« s'éloigner pour une visite forcée. Je prodiguai
« au comte les soins les plus rapides. Il bégaya
« et me regarda d'un air étrange, quoiqu'il me
« connût bien. Je le fis porter sur son canapé,
« en pleine lumière. Il ne pouvait plus se tenir
« assis. Sa tête pendait en avant; il me fallait
« me baisser pour lui regarder la figure, qui avait
« déjà la pâleur mortelle. Déjà aussi, il était
« froid. J'essayai de combattre la paralysie géné-
« rale du mouvement; mais quand je vis les
« pupilles dilatées, quand je sentis le pouls lent,

« mou et régulier, je compris qu'il était trop
« tard.

« Survinrent alors deux docteurs amis de
« la maison. Il semblait nous reconnaître, mais
« déjà les mots étaient brouillés dans son cer-
« veau. On ne pouvait savoir, d'ailleurs, si la
« raison l'avait ou non abandonné, puisque le
« malade ne pouvait parler, ni montrer sa langue,
« ni donner la main, ni faire aucun geste. De
« cinq minutes en cinq minutes, il subissait des
« convulsions internes qui altéraient encore sa
« figure, déjà frappée de l'effroi de la mort. Les
« dents étaient serrées avec une telle force qu'il
« nous fut impossible de lui faire rien prendre.
« Nous ne pûmes agir que par les médicaments
« externes.

« L'agonie dura cinq heures, mais quand il
« mourut, il y avait déjà cinq heures qu'il n'exis-
« tait plus.

« Vingt-quatre heures après, nous fîmes la
« dissection, par ordre du parquet; il s'exhala,
« au premier coup de scalpel, une odeur d'aman-
« des amères qui se répandit jusque dans le

« salon voisin. Le sang était foncé et liquide ;
« le cœur droit était hyperémique ; le diaphragme
« était coloré en noir ; la langue était blanche et
« l'épithélium se détachait facilement ; le pha-
« rynx et l'œsophage étaient gris, mais encore
« fermes. »

C'en est assez, ne suivons pas la science jusqu'au bout.

Voici l'interrogatoire de la femme de chambre, par M. Macé, le futur commissaire aux délégations judiciaires des drames parisiens :

« D'où vient que cette eau de laurier-cerise a été donnée au malade ?

— Le comte avait demandé une potion pour dormir, car il avait de cruelles insomnies ; il passait la nuit à se retourner par-ci par-là, sans jamais se trouver bien ; il avait même demandé un masque chloroformé ; mais le docteur s'était récrié, parce qu'on en a vu plus d'un s'endormir pour tout de bon.

— Mais qui a eu l'idée du laurier-cerise ?

Ici, nous avons remarqué qu'avant de répondre, la femme de chambre avait regardé le comte comme si elle craignait d'être démentie. Toutefois ce fut d'une voix ferme qu'elle répondit :

— C'est monsieur !

— Comment le comte a-t-il pu avoir l'idée de boire de l'eau de laurier-cerise?

— C'est parce que l'eau de pavot ne réussissait plus. Le médecin avait parlé d'opium, mais monsieur disait que l'opium le réveillait au lieu de l'endormir. Demandez plutôt au valet de chambre.

Le valet de chambre appelé a répondu qu'il n'était pas là, mais que le comte avait horreur de l'opium.

— Et dans quelle boisson avez-vous versé l'eau de laurier-cerise?

— Dans du lait; monsieur ne buvait que du lait.

Le docteur vous avait dit combien vous en pouviez mettre de gouttes?

— Oui, quelques gouttes.

— D'où vient que la fiole est vide?

— C'est monsieur lui-même qui, à la seconde fois, voulant à toute force dormir, a versé le reste de la fiole dans une tasse de lait; mais il ne buvait qu'une gorgée de temps en temps. Aussi a-t-il bu à peine la moitié de la seconde tasse. Voyez plutôt : il a renversé le reste sur le lit.

— Il ne vous a rien dit?

— Non! il s'est endormi, mais en s'agitant beaucoup comme s'il avait le délire. Il a appelé la comtesse à voix haute ; j'ai pris peur et j'ai crié au valet de chambre de venir.

Le valet de chambre interrogé a dit que le comte semblait dormir, quoiqu'il eût les yeux entr'ouverts et quoiqu'il parlât tout haut. La femme de chambre ajouta que c'était le cauchemar.

Cette fille en était là de sa déposition quand arriva le docteur ***, médecin ordinaire de M. de Xaintrailles.

Le docteur dit qu'il avait ordonné de l'eau de laurier-cerise, mais demanda l'ordonnance et la fiole.

La fille Émilie donna la fiole qui était sur la table de nuit et sembla chercher l'ordonnance. Puis, indiquant la cheminée :

— J'ai peut-être jeté cela au feu.

On trouva du verre cassé dans les cendres.

— Pourquoi avez-vous fait cela?

— C'est que monsieur lui-même jetait tout cela au feu.

La femme de chambre s'est troublée, en disant que cette ordonnance était sans doute restée chez le pharmacien.

— Mais qui a porté l'ordonnance?

— Je ne sais pas. C'est la cuisinière ou le valet de chambre.

On appela la cuisinière. Cette femme venait de sortir.

Le valet de chambre déclara que ce n'était pas lui.

— Peut-être bien, a dit cet homme, en regardant du coin de l'œil la femme de chambre, que l'eau de laurier-cerise aura été ordonnée par un monsieur qui a fait une visite à Mlle Émilie, car j'ai entendu qu'ils parlaient entre eux de l'eau de laurier-cerise.

— Quel est ce monsieur?

Après un silence la femme de chambre s'est

décidée à dire que c'était un ami du comte, un de ses anciens médecins, lequel avait en effet conseillé de l'eau de laurier-cerise pour la nuit si le malade ne pouvait pas dormir.

— Mais le nom de ce médecin?

— Ah! ni moi non plus. Je ne connais pas par leur nom tous les amis de monsieur, surtout depuis le séjour à Rome. Mais qu'est-ce que cela fait, puisque c'est le médecin du comte qui a signé l'ordonnance?

— Mais encore une fois, s'il a signé cette ordonnance, elle doit se retrouver.

Je l'ai remise à la cuisinière.

— Qui a ouvert la porte à l'autre médecin?

Le valet de chambre a répondu que c'était lui.

— Aviez-vous déjà vu ce médecin?

— Oui, mais je ne lui ai pas parlé. Il a demandé M{}^{lle} Émilie.

— C'est donc son médecin?

Ici la femme de chambre prit la parole.

— Dieu merci! je n'ai pas besoin de médecin pour mon mal de dents.

— Enfin, celui-là venait-il pour vous ou pour le comte?

— Cette question! il venait pour le comte. Seulement le comte ne voulait pas que son médecin ordinaire apprît que celui-là fût venu. Vous savez, tous les malades ont leurs lubies.

— Mademoiselle, puisque vous ne retrouvez pas l'ordonnance, on va vous tenir en état d'arrestation.

La femme de chambre perdit un peu de son aplomb. Elle s'écria d'un air indigné :

— Me prenez-vous pour une empoisonneuse?

— Si vous n'êtes pour. rien dans tout ceci, soyez sans inquiétude : la lumière se fera.

— On n'a toujours pas le droit de m'arrêter!

— Où demeure le médecin en question?

— Ah! ma foi, il ne m'a pas donné son numéro.

La cuisinière rentra à cet instant. Elle déclara avoir remis l'ordonnance et la fiole dans les mains de Mlle Émilie.

— Vous voyez bien, mademoiselle, que vous aviez l'ordonnance.

— J'en ai eu bien d'autres dans les mains. Je

ne pouvais pourtant pas les garder comme des billets de banque.

— C'est bien! tout à l'heure quand viendra le médecin, on saura à quoi s'en tenir.

— Et si le médecin ne vient pas, est-ce qu'on a la prétention de me retenir prisonnière bien longtemps?

— Oui! bien longtemps, si le médecin ne vient pas.

— C'est une rude injustice! S'il fallait rechercher tous les amis de monsieur, on n'y parviendrait pas.

— Oui, mais cet ami de monsieur paraît être de vos amis, puisque c'est vous qu'il a demandé.

— Il a demandé la garde-malade, pour ne pas déranger monsieur, si monsieur dormait.

— Vous vous défendez trop bien.

— Faut-il donc que je me laisse faire sans rien dire?

Pendant tout cet interrogatoire, M. de Xaintrailles ne fit que les mouvements d'un convulsionnaire. Quoiqu'on parlât haut et qu'on fût tourné de son côté, il ne dormait pas, signe d'intelligence. Le cerveau avait été atteint avant tout le reste.

Il expira à dix heures.

On se mit en campagne pour trouver le docteur introuvable. La femme de chambre, gardée à vue dans l'appartement, faisait bonne contenance. Mais, quand on l'avertit qu'elle allait partir pour la Conciergerie, elle éclata comme une tempête, et jura qu'elle attendait celui qui avait conseillé l'eau de laurier-cerise.

Le commissaire de police voulut qu'elle le conduisît à l'instant même chez cet homme. Elle refusa en disant qu'elle ne savait pas où il demeurait; mais elle était bien sûre qu'il viendrait le jour même, parce qu'il l'avait promis au comte.

Dès que la femme de chambre se crut libre de ses mouvements, elle écrivit à Georges du Quesnoy, qui, on le sait, n'était connu à l'Hôtel du Louvre que sous le nom d'Edmond Lebrun.

Voici la lettre :

Je dirai à M. Edmond Lebrun que monsieur le comte s'est fort mal trouvé de l'eau de laurier-

cerise. On m'a mise en état d'arrestation, venez bien vite prouver que ce n'est pas ma faute, ni la vôtre non plus.

ÉMILIE.

On ne pouvait pas écrire une lettre plus habile, car, tout en disant à Georges de venir, elle le mettait sur ses gardes.

Mais cette lettre fut saisie au moment même où Émilie la voulait mettre à la poste.

III

LE DÉJEUNER AUX FRAISES

On se souvient que Valentine avait promis de venir ce jour-là dire adieu une dernière fois à son amant, à l'hôtel du Louvre, dans cette chambre où ils s'étaient tant aimés.

On avait servi à Georges un déjeuner frugal : une aile de poulet, des fraises et du thé. Il n'avait pu se résigner à se mettre à table dans l'anxiété de l'attente.

Quand deux heures sonnèrent, il désespérait de la voir venir, mais elle entra bientôt, tout de noir habillée, comme si elle portait déjà le deuil de son mari.

« Tu vois, dit-elle à son amant qui s'était jeté dans ses bras et qui soulevait son double voile, tu vois que je porte le deuil de mon bonheur.

— De mon bonheur! dit Georges. C'est moi seul qui serai malheureux.

— Pourquoi dire cela? Je souffrirai plus que toi, mais j'ai déjà appris la résignation.

Ils s'embrassèrent avec des sanglots étouffés.

— Je n'aurai pas le courage de vivre une heure si tu me quittes, dit Georges.

— Est-ce que tu aurais le courage de mourir? »

Georges montra son révolver.

« Mon ami, dit Valentine, je n'aime pas ces raisons-là. »

Elle saisit le révolver et le mit dans sa poche.

« Et toi, aurais-tu le courage de mourir?

— Non. Je t'aime, mais j'ai horreur de la nuit.

— Tu es trop belle pour mourir.

— Peut-être. Et puis, j'ai soif de vivre.

— Si tu m'aimais encore, tu ne dirais pas cela; moi, je n'ai que la soif de ton amour.

— Ne me parlez pas ainsi, Georges, dit tristement Valentine. Je ne veux plus de cette vie impossible où il faut se cacher. Je n'y retomberai pas. »

Georges l'attaqua par l'esprit comme par le cœur. Il lui dit qu'il n'était pas un héros de roman, mais que jamais ces amoureux transis qui s'appellent Saint-Preux et Werther, ces amoureux affolés qui s'appellent des Grieux et Ravensvood n'aimaient pas comme lui d'un amour profond, mystérieux, invincible et fatal.

« Des rêveries, » dit Valentine voulant cacher son cœur.

Elle prit une fraise et la mangea.

« Oh! les admirables dents de crocodile, murmura son amant.

— Tu veux dire que je me nourris de tes larmes. Je te jure que j'aime mieux tes fraises.

La comtesse prit une seconde fraise, puis une autre encore.

— Tu vois qu'il y a de bonnes choses sur la terre.

— O sublime gourmande! »

Et Georges présenta lui-même une fraise aux lèvres de Valentine.

« Ta bouche n'est pas assez grande. »

Madame de Xaintrailles coupa sa fraise en deux.

« Pour toi, » dit-elle.

Georges le comprenait ainsi.

« Et tu aurais le cœur, dit-il, de manger désormais des fraises sans moi?

— Oh! mon Dieu, oui. Je vais devenir plus gourmande que jamais pour me consoler. Mais tu sais que je n'ai qu'une heure à te donner : l'heure du diable. Nous avons déjà perdu une demi-heure. »

Les deux amants étaient redevenus presque gais.

Ni l'un ni l'autre ne pouvait croire que c'était là leur rendez-vous d'adieu. Georges espérait vaguement que le comte n'en reviendrait pas, et Valentine, toujours légère, ne s'imaginait pas que la séparation serait éternelle, quoiqu'elle fût de bonne foi dans son repentir.

« Georges, dit-elle tout à coup, vous n'êtes pas sérieux; vous voulez me perdre encore; mais j'ai un ami qui me sauvera.

— Un ami?

— Oui, Dieu. »

Georges tressaillit. Il ne croyait plus à Dieu; mais à ce seul mot, un grand trouble se fit en lui.

« Dieu, c'est mon ennemi! » dit-il.

On sonna sur ce mot.

« N'ouvre pas! » dit la comtesse.

Un pressentiment l'empêcha de mordre la fraise qu'elle avait aux lèvres.

On sonna encore.

« Cache-toi, » dit Georges à Valentine en lui montrant le balcon.

On sonna une troisième fois.

« Est-ce que mon mari recommencerait déjà sa comédie?

— Passe sur le balcon, je vais ouvrir. »

« Au nom de la loi, ouvrez la porte, » dit une voix ferme.

Georges alla ouvrir la porte sans bien savoir ce qu'il faisait.

Un commissaire de police entra, suivi de deux agents. C'était celui qui avait arrêté la femme de chambre.

« Vous êtes monsieur Edmond Lebrun?

— Oui, monsieur.

— Monsieur, reprit le commissaire à brûle-pourpoint, vous avez empoisonné M. le comte de Xaintrailles. »

Georges du Quesnoy subit le choc avec fermeté.

« Monsieur, je ne vous donne pas le droit de venir m'accuser ici.

— Monsieur, je vous accuse au nom de la justice.

— Monsieur, pas un mot de plus. »

Jusque-là, Georges n'avait pas vu les agents de police, il se sentait de taille à lutter avec le commissaire.

Mais dès qu'il vit ces deux hommes s'approcher, il pâlit et perdit sa force de résistance.

Le commissaire avait vu flotter sur le balcon la robe de Valentine. Pendant que Georges s'était retourné vers la cheminée croyant trouver son révolver, car il oubliait déjà que la comtesse le lui avait pris, le commissaire courut au balcon et ramena la comtesse au salon.

M*me* de Xaintrailles, tout épouvantée, tomba anéantie sur un fauteuil.

« Ne craignez rien, dit Georges en lui prenant la main, il y a là un fatal malentendu, à moins que ce ne soit une mauvaise plaisanterie.

— Monsieur, reprit le commissaire de police, si vous n'êtes pas coupable, la vérité se fera bien vite dans votre confrontation avec la femme de chambre de Mme la comtesse de Xaintrailles, car cette fille a été arrêtée aussitôt la mort du comte.

— M. de Xaintrailles est mort ! » s'écria la comtesse.

Un cri de surprise et d'épouvante !

Il était trop tard pour jeter un cri de délivrance.

Elle fut abîmée dans son désespoir.

« La chose a été mal faite, » murmura Georges.

Il fit semblant de suivre le commissaire sans plus opposer la moindre résistance, mais bien décidé à s'échapper en route s'il le pouvait. Il se rappela tout à coup que Valentine avait mis son révolver dans sa poche.

« Monsieur, dit-il avec douceur au commissaire, permettez-moi de dire adieu à madame pour le cas, peu probable d'ailleurs, où je serais retenu en prévention.

— Faites, monsieur, répondit le commissaire, mais je ne puis vous laisser seul avec madame. »

Georges vit bien qu'il ne gagnerait rien par ses prières.

Il se contenta de s'approcher de Mme de Xaintrailles, tout en lui cachant la figure par la sienne.

« Je n'y comprends pas un mot, lui dit-il. De grâce, donnez-moi mon petit révolver. »

La comtesse pria le commissaire de police de permettre à Georges d'écrire un mot.

« Un mot que vous lirez, » se hâta de dire le jeune homme. -

Ceci permit à la comtesse de passer son mouchoir à son amant.

Le commissaire tendit la main pour le saisir, mais déjà Georges avait pris le révolver avec la dextérité d'un prestidigitateur, quoiqu'il fût très-agité.

Pour mieux cacher cette action, il se mit à écrire sans bien savoir à qui il écrirait et ce qu'il écrirait.

« Après tout, dit-il tout à coup, il est impossible que je sois arrêté, ce n'est pas la peine d'écrire. »

Et se rapprochant une dernière fois de la comtesse :

« Adieu, Valentine, lui dit-il en l'embrassant, aimez-moi jusqu'à la fin. »

Mme de Xaintrailles se croyait dans un rêve. Elle ne voulait pas voir la réalité.

Enfin Georges du Quesnoy sortit, suivi de près par le commissaire.

Après avoir descendu un étage, comme il passait devant le grand corridor, il s'y précipita avec la rapidité du vertige. Les deux hommes de la police couraient bien, mais il parvint à se jeter dans une chambre entr'ouverte dont il eut le temps de refermer la porte avant qu'on ne le vit entrer.

C'était beaucoup pour se sauver, mais c'était trop peu. En un clin d'œil, la police avertit la police : on cerna l'hôtel du Louvre. On décida qu'aucune chambre n'échapperait à la visite domiciliaire.

Georges du Quesnoy s'imagina pourtant qu'il ne serait pas repris. La chambre où il était entré était occupée par une dame étrangère sortie pour la messe à Saint-Roch. Il se nicha dans une montagne de robes qui avaient été essayées le matin.

En effet, à première vue, on jugea qu'il n'y avait personne, car un des agents de police après être entré, ressortit en disant : « Ce n'est pas là. »

Ce fut la dame elle-même qui le perdit.

Elle revint de la messe cinq minutes après, pendant qu'on cherchait à l'étage supérieur.

Un grand bruit s'était fait dans tout l'hôtel, elle s'imagina qu'on poursuivait un voleur. Elle entra chez elle avec quelque inquiétude. A ce moment, Georges, se croyant à demi sauvé, était sorti du lot de chiffons pour tenter de gagner la rue. L'impatience est imprudente. La dame poussa un cri en voyant Georges.

« Madame, de grâce, sauvez-moi ; je ne suis pas un voleur, je suis un amoureux. »

La dame était une provinciale pour qui un amoureux était bien plus dangereux qu'un voleur. Elle s'imagina que l'amoureux était là pour elle, et elle cria de plus belle.

Le jeune homme furieux faillit lui tirer un coup de révolver.

Elle finit par se calmer à moitié, mais il était trop tard : ses cris avaient ramené un autre agent de police.

Celui-là passa, comme on dit, un mauvais quart d'heure, car Georges le tint à distance par le révolver.

« Si tu dis un mot et si tu t'approches, je te tue comme un chien. »

L'agent de police se tint en respect, mais sans vouloir s'en aller.

« Va-t'en, lui dit Georges.

— A moi, » dit l'agent de police, en criant très-haut.

Ce cri fut couvert par une détonation. La petite balle du révolver qui devait le frapper au cœur le frappa à l'épaule, parce qu'il fit un mouvement rapide.

Georges renversa la provinciale, repoussa l'agent qui n'était pas tombé et s'enfuit à tout hasard. Mais les cris de l'agent jetèrent au-devant de Georges un autre agent et deux domestiques de l'hôtel.

Il tira un coup en l'air pour jeter l'épouvante, mais cet autre agent se précipita dans ses jambes pour le jeter à terre.

Il passa outre, se croyant encore sauvé, mais cette fois il se jeta à la tête du commissaire lui-même, qui avait avec lui toute une escouade.

Puisqu'il avait engagé la lutte, il ne voulut pas se rendre ; il fit feu une troisième fois.

Il n'atteignit pas le commissaire, mais la balle blessa une curieuse par ricochet.

Il eût fait feu une quatrième fois si on ne l'eût frappé d'un coup de canne sur le bras.

Il comprit qu'il était perdu ; le révolver venait de tomber ; il se jeta à terre, le ressaisit de sa main gauche et se tira à lui-même le quatrième coup en pleine poitrine.

« Un peu plus tôt, un peu plus tard, c'est un homme mort, » dit le commissaire.

IV

LA COUR D'ASSISES

On n'a pas encore oublié le bruit que fit cette arrestation; mais comme les journaux ne donnèrent que les initiales ou les noms de guerre des deux amants, M. Lebrun et Mme Duflot, on ne s'intéressa pas beaucoup à leur cause. C'était un monsieur quelconque et une femme adultère de plus. Bien plus, comme on disait que c'était un empoisonneur, le roman de ces amours mal connues n'émut que médiocrement.

Quoique la balle eût fait une lésion à la poitrine, Georges du Quesnoy ne mourut point de sa blessure. A trois mois de là il comparaissait devant le juge d'instruction.

Dès son premier interrogatoire, il déclara que s'il y avait un coupable c'était lui seul, sans toutefois avouer qu'il fût coupable. Il jura que la femme de chambre était inconsciente. Il lui avait en effet conseillé l'eau de laurier-cerise pour calmer un malade qu'il ne connaissait pas; mais si elle avait donné contre ses prescriptions le remède à trop forte dose, c'est qu'elle ne savait pas sans doute que ce remède eût quelque danger.

Comme cette déclaration s'accordait avec les dires de la femme de chambre, on avait donné la liberté à cette fille, tout en la gardant à vue jusqu'aux assises.

Aux assises, Georges du Quesnoy ne fut connu que sous le nom d'Edmond Lebrun, chimiste à Londres. Le hasard le servit : un agent français à Londres déclara qu'en effet un sieur Lebrun, fabricant de produits chimiques, avait passé le détroit vers l'époque du crime. Les amis de Georges ne devaient pas le reconnaître, non plus que les témoins du comte dans son duel avec M. le comte de Xaintrailles. Il avait coupé sa barbe et ses cheveux. Il s'était marqué le front et les joues par cinq points de pierre infernale. Il avait achevé de se défigurer par un clignement d'yeux et une grimace perpétuelle.

Il n'avait pas même dit son nom à son avocat, par respect pour son père, quoique son père l'eût depuis longtemps abandonné.

Sa grande préoccupation aux assises ne fut ni l'éloquence de son avocat, — c'était Me Lachaud, — ni l'idée de la condamnation, ni la curiosité publique, c'était le vague espoir de voir apparaître dans la foule, ne fût-ce qu'un instant, cette femme qu'il avait adorée et pour laquelle il allait mourir.

Elle ne vint pas.

Pendant les trois jours que dura l'affaire, ce fut en vain qu'il la chercha dans toutes les curieuses; Mme de Xaintrailles ne voulut point se hasarder jusque-là, quoiqu'elle eût tout donné pour le revoir. Elle espérait d'ailleurs qu'il ne serait pas condamné.

Condamné, il le fut, et sans circonstances atténuantes.

On le déclara coupable d'avoir empoisonné le comte de Xaintrailles, et, par aggravation, d'avoir, pour échapper à la justice, blessé un homme et une femme de deux coups de révolver.

Pendant tout le procès, il avait fait bonne contenance, dédaignant de répondre aux questions trop précises, jouant quelquefois trop au désillusionné qui se moque de la vie; s'écoutant avec complaisance dans quelque période éloquente; jetant çà et là un mot de raillerie à travers la gravité des débats.

Il remercia M⁰ Lachaud d'avoir si bien plaidé une si mauvaise cause.

« Je vous donne tout ce que j'ai, » lui dit-il en lui passant au doigt un petit camée antique, représentant plus ou moins Démosthène.

Pour les condamnés à mort, le moment le plus terrible n'est pas la condamnation, c'est l'entrée à la Roquette. La Roquette! un tombeau où l'on vit, d'où l'on ne sortira que pour monter sur l'échafaud. Le jour où on entre à la Roquette est plus triste que le jour où l'on en sort.

« Et pourtant, dit Georges du Quesnoy en franchissant le seuil, Dante n'écrirait pas ici ses mortelles paroles : Moi je n'y attends pas la vie, mais j'y attends encore un rayon d'amour. »

Il ne doutait pas que Valentine ne lui écrivît. Qui sait? Peut-être même viendrait-elle; l'amour a des inspirations sublimes : pourquoi ne se dirait-elle pas sa sœur pour avoir le droit de venir le voir?

V

LA ROQUETTE

Dès qu'il fut dans sa cellule, Georges appela un prêtre. Un prêtre, c'est le dernier ami sérieux de ceux qui vont mourir, condamnés ou non.

Le prêtre — c'était l'abbé ***, le prêtre des condamnés à mort — vint le jour même.

« Vous voulez que je vous parle de Dieu, mon enfant.

— Non, mon père, je veux que vous me parliez d'*elle*. »

Et dès ce jour-là Georges fit toute sa confession. Ce fut avec un allégement de cœur qui le rasséréna. Un ami était entré dans la cellule, ce fut un frère qui en sortit. Le prêtre comprit que ce condamné à mort n'était pas le premier venu. Il allait mourir de sa passion, dans le crime et le repentir de sa passion, mais non pas dans les terreurs d'un criminel vulgaire.

Le premier coupable, n'était-ce pas cette femme trop aimée qui avait sacrifié son cœur à son orgueil? Si Valentine eût obéi résolûment à sa première inspiration, elle eût décidé son père à la donner pour femme à Georges du Quesnoy ; c'eût été un mariage d'amour qui fût devenu un mariage de raison, car chez lui comme chez elle il y avait un cœur et une âme.

Combien de fois le mariage n'est-il pas la préface du crime ! combien de fois l'enfer du mariage a-t-il conduit dans l'autre !

Le prêtre de la Roquette prit Georges en grande sympathie, parce que le condamné se confessa en toute abondance de cœur, comme un chrétien qui dépouille l'orgueil du *Moi*, qui foule aux pieds les vanités humaines et ne reconnaît plus que Dieu sur la terre. Aussi Georges pria l'abbé *** de lui accorder tous les jours une demi-heure de son temps; ce que fit l'abbé avec une bonne grâce évangélique. Naturellement le sujet de la conversation était l'immortalité de l'âme. La grâce n'avait pas encore touché Georges. C'était donc par la raison et non par la foi qu'il voulait voir Dieu. Il ne doutait pas d'ailleurs du réveil de son âme dans la mort, mais il ne croyait pas au pardon. Selon lui, tout crime devait s'expier, non pas seulement par les larmes du repentir, mais par la punition du lendemain. Chaque pas que faisait vers lui le curé de la Roquette le rapprochait d'ailleurs du catholicisme.

« Voyons, lui disait l'abbé ***, puisque vous avez cru naguère aux esprits, puisque vous avez cru au diable, pourquoi refuser de croire à ce miracle suprême qui a fait de Jésus le fils de Dieu? Et si vous croyez à l'Évangile, pourquoi ne pas entrer dans l'Église, qui est la porte du ciel?

— Pourquoi? là est le grand mot. Il m'est impossible de croire que parce que je me serai humilié à vos pieds en m'accusant de mon crime, je serai pardonné par Dieu. A quoi servirait la Vertu, si le dernier des coquins peut aller s'asseoir à côté d'elle au paradis, après avoir été absous sur la terre? Dieu ne vous a pas donné le droit de faire grâce. »

Le prêtre lui répliquait :

« Vous soulevez des questions résolues depuis longtemps. Si vous étiez plus savant en théologie, vous verriez que les plus grands esprits de l'Église ont tous fini par soumettre la raison à la foi, parce que la foi c'est la lumière. Abandonnez-moi votre âme rebelle pendant toute une semaine, et le dimanche, à la messe, vous sentirez que Dieu est là. Vous comprendrez que ce n'est pas le prêtre qui pardonne, que c'est Dieu lui-même; car il est le très-humble serviteur de Dieu, et c'est Dieu qui parle par sa bouche. Mais ne croyez pas pourtant que quand je vous aurai pardonné au nom de Dieu, vous entrerez au paradis avec la quiétude des blanches âmes qui n'ont connu sur la terre que le devoir, le sacrifice, la vertu! Non; vous ne passerez pas par l'enfer, puisque vous aurez cru à la miséricorde de Dieu, et que Dieu ne trahit pas ceux qui espèrent en lui; mais vous emporterez vous-même votre enfer en paradis. Vous serez admis parmi les élus, mais vous souffrirez longtemps encore de votre indignité. Votre âme ne s'épurera peu à peu qu'aux flammes de l'amour divin. »

Georges du Quesnoy n'était toujours pas convaincu.

« Vous ne croyez pas ma parole, reprenait le prêtre, parce que vous ne m'écoutez qu'à demi.

— C'est vrai, mon père, vous voulez m'entraîner au ciel, mais mon cœur bat toujours pour la terre. Cette femme que j'ai adorée, je l'aime toujours. Ah! que ne donnerais-je pas pour la revoir avant de mourir! »

Un jour, l'abbé *** dit à Georges du Quesnoy :

« Mon enfant, ce que je n'ai pu faire pour votre salut, puisque votre esprit est toujours rebelle à votre foi, la femme que vous avez tant aimée le fera mieux que moi. J'ai appris hier qu'elle allait entrer en religion ; j'ai couru à elle, je l'ai décidée à un adieu suprême.

— Elle viendra! s'écria Georges transporté.

— Oui, mon enfant, elle viendra. »

Le condamné embrassa le prêtre avec une effusion filiale et religieuse.

« O mon père! O mon ami! elle viendra! »

VI

LA CONFESSION

Dans les conversations de la dernière heure, Georges du Quesnoy demanda à l'abbé *** s'il était décidément indispensable que le mal fût imposé à la terre pour la plus grande gloire de Dieu?

Il lui parla de son frère. Dans ses plus mauvais jours, il n'avait pas oublié cet enfant tué en duel, qu'il aimait de toute l'amitié des vingt ans. Il répétait souvent que, si Pierre avait vécu, il se fût mieux contenu dans le devoir, car Pierre était un esprit mieux trempé que le sien, qui ne devait pas bifurquer pour aboutir à toutes les déchéances.

Georges avait déjà raconté au curé de la Roquette les étranges prédictions de Mlle de Lamarre.

« Je ne puis nier, avait dit l'abbé X***, que c'étaient là des avertissements du ciel. Puisque cette dame vous prédisait la mort violente à tous les deux, il fallait réagir, lutter et vaincre le démon. Mlle de Lamarre fut une voyante qui se mit en sentinelle pour vous défendre vous et votre frère. Il fallait écouter le cri de la sentinelle et ne pas vous laisser surprendre.

— Pourquoi Dieu jette-t-il au cœur de chacun de ses enfants la semence du mal? Le mal, comme les mauvaises herbes, envahit le bon grain et l'étouffe le plus souvent. Le sage et le juste sont toujours vaincus sur la terre.

— C'est une vallée de larmes, parce que les hommes sont méchants.

— Pourquoi ce jeu cruel du Créateur?

— C'est que pour aimer le bien, il faut connaître le mal. Il y a des berceaux dorés et couverts de guipure ; il y a des berceaux d'osier et couverts d'étoupe. Des deux côtés c'est la même âme. Celui-là qui vit dans le travail comme celui-là qui vit dans l'oisiveté auront un jour le même juge. Mais déjà, sur la terre, ils ont le même ange gardien qui s'appelle la Conscience. »

Une vague idée traversa l'esprit de Georges, mais dans la pénombre elle ne put se faire lumineuse. Il parla des inquiétudes de sa conscience, tout en voulant la nier.

« C'est peut-être une image, dit-il, mais c'est peut-être un mot. »

Et, sans se rendre bien compte de la logique des sentiments, des réflexions et des rêveries, il en vint à parler de cette jeune fille qui lui était apparue trois fois dans les trois périodes de sa vie.

« Figurez-vous, mon père, qu'il y a cinq ou six ans, comme je sortais à peine du collége, je vis dans le parc de Margival, dont je vous ai souvent parlé, apparaître une jeune fille mystérieuse, avec des marguerites dans les cheveux, robe blanche toute flottante, yeux couleur du temps, effeuillant des roses avec un sourire angélique. C'était une bénédiction de la voir si belle, si fraîche, si pure : un ange descendu et non un ange tombé. Quand j'ai voulu m'approcher de cette jeune fille, elle s'est évanouie comme une vision. Je ne l'ai jamais retrouvée ni dans le parc ni dans le voisinage; on m'a traité de visionnaire, mais pourtant je l'ai bien vue. »

Le prêtre écoutait sans mot dire.

« Ce n'est pas tout, reprit le condamné, trois ans après, j'avais jeté ma jeunesse à tous les vents, j'avais trahi tous mes devoirs : devoirs de fils, devoirs de citoyen; l'orgueil du corps avait tué l'orgueil de l'âme; je courais les filles, j'étais ruiné par l'argent qui était à moi et par l'argent qui était aux autres. Ne vous l'ai-je pas dit déjà, j'étais un fanfaron de vices et je n'avais pas de honte de vivre dans le monde des filles galantes sans payer ma part du festin! Je ne saurais trop confesser ces hontes douloureuses aujourd'hui, mais dont je riais en ces mauvais jours. Eh bien, un soir, cette jeune fille du parc de Margival m'apparut dans un mauvais lieu, où toutes les filles plus ou moins à la mode vont perdre une heure dans leur désœuvrement. On appelle cela la *Closerie des lilas* ou le champ de bataille de la danse. Eh bien, là, je l'ai revue; mais la figure angélique s'était changée en tête de bacchante. C'était la même créature, mais avec tous les signes des mauvaises passions. Elle valsait éperdument, les yeux égarés par la débauche. Elle jetait des roses fanées et des poignées d'argent. Je courus à elle pour lui demander raison de cette chute profonde; mais, comme la première fois, elle s'évanouit dès que je voulus lui saisir la main. Une autre fois encore je l'ai revue au bal de l'Opéra, plus folle que jamais, et jetant l'or à pleines mains. Ce fut la même vision plus accentuée et plus réelle encore. »

Le prêtre gardait toujours le silence.

« Et la troisième vision? demanda-t-il à Georges.

— Oh! la troisième vision, c'est horrible à dire. C'était la nuit du crime; j'errais sur le boulevard. J'avais dîné gaiement; les fumées du vin de Champagne me couronnaient la tête. Je me croyais maître du monde, parce que je défiais la société. Je pressentais mon crime du lendemain, et je le regardais en face sans broncher. Je me voyais déjà épousant la femme et la fortune du comte de Xaintrailles. Voilà que tout à coup une fille de joie, une courtisane à sa dernière incarnation, passe devant moi dans toute l'insolence de la femme qui brave la femme elle-même. Or, dans cette dernière des filles, je reconnus très-distinctement la figure du parc de Margival et de la Closerie des lilas. C'était la même femme, mais elle n'avait plus rien de la femme, sinon le masque, avec tous les stigmates des passions qui se cachent. Elle les montrait sans honte au grand jour, car il ne fait jamais nuit sur le boulevard des Italiens. Que lui importait à elle, qui ne rougissait plus? J'allai à elle, frappé au cœur, effrayé de cette déchéance. « Comment! lui dis-je, c'est « toi, encore toi, toujours toi! » Elle leva la tête avec arrogance, elle éclata de rire et frappa de sa main sur son cœur. Sa robe se dégrafa, et un poignard ensanglanté tomba à ses pieds. Je n'étais plus maître de moi ; la peur me prit, je m'enfuis à l'hôtel du Louvre. »

Le prêtre avait écouté ces trois histoires avec un vif intérêt.

« Vous n'avez pas compris? dit-il à Georges.

— Vous comprenez donc vous-même? »

Le prêtre s'était levé.

« Peut-être, » dit-il en serrant la main du condamné.

Et souriant avec mélancolie :

« La suite à demain, » ajouta-t-il de sa voix douce.

Quand Georges fut seul, il pensa qu'il ne pourrait plus dire longtemps : *la suite à demain*.

VII

L'ADIEU

Valentine vint le surlendemain. Le prêtre avait vaincu tous les obstacles. La comtesse de Xaintrailles n'était pas encore vêtue en religieuse, mais elle était accompagnée d'une sœur de charité.

Georges du Quesnoy avait été averti la veille. Aussi ce jour-là fut un jour de fête.

L'horrible cellule fut remplie de fleurs.

Le matin, le condamné salua le soleil comme il ne l'avait jamais fait. Il demanda un miroir, comme s'il eût eu peur d'être devenu trop laid pour paraître devant Valentine.

Il se trouva plus beau que jamais, parce que sa

figure avait pris plus de caractère dans la gravité. Il y avait maintenant en lui du religieux, du cénobite, de l'ascète. Toute la tête s'était spiritualisée. Il pouvait sourire encore à sa maîtresse, puisqu'il avait la blancheur des dents et la flamme humide des yeux.

Valentine arriva à midi.

Que de choses ils se dirent avant de se parler dans ces premières larmes et ces premiers soupirs qui arrêtèrent les mots de leurs lèvres !

Et, d'ailleurs, que pouvaient-ils se dire qu'ils ne sussent déjà ?

Mme de Xaintrailles n'avait-elle pas compris toutes les douleurs de celui qui n'avait accompli un crime qu'à force d'amour? Georges du Quesnoy n'avait-il pas compris que puisque Mme de Xaintrailles allait prendre le voile, c'est que son cœur mourait pour lui pour ne revivre qu'en Dieu ?

La première parole de Georges fut celle-ci :

« Madame, donnez-moi une heure ; puisque vous devenez sœur de charité, regardez-moi comme un malade qui va mourir. Vos mains pieuses me feront l'oreiller plus doux. »

Il saisit les deux mains de Valentine.

Le prêtre, la sœur de charité et le geôlier se mirent à chuchoter ensemble comme pour ne pas entendre et pour ne pas voir.

Georges en regardant Valentine, tout détaché qu'il fût des biens périssables, ne put s'empêcher de penser à cette beauté souveraine tout épanouie hier, s'effaçant déjà aujourd'hui dans la prière et le repentir. Quoi! ces beaux cheveux odorants, il ne les baiserait plus! ces épaules somptueuses, il n'y cacherait plus son front tout enivré des altières voluptés! ces beaux bras aux étreintes passionnées ne se fermeraient plus sur lui! Mais quelle joie déjà pour son amour jaloux, de penser que ces beautés corporelles seraient perdues pour le monde! Nul ne viendrait s'abreuver à cette source de délices, nul n'imprimerait ses lèvres sur cette chair de pêche, de lis et de roses. Cette voix timbrée à l'or ne résonnerait plus pour les confidences amoureuses. Valentine ne partait pas avec lui, mais elle faisait un pas sur le même chemin. Elle ne mourait pas, mais elle fuyait le monde.

Que se dirent-ils?

Elle pleurait et il pleurait.

Ils évoquèrent le passé, ils rappelèrent les jours coupables, mais charmants, les ivresses, les éperduments, les abîmes roses où ils s'étaient précipités sans voir le fond dans le vertige des vertiges. Dieu les séparait violemment, mais n'avaient-ils pas pendant toute une année escaladé vingt fois le septième ciel?

Georges parla à Valentine de leur première rencontre au château de Sancy, de la marguerite effeuillée devant l'église, de leurs promenades dans le parc de Margival. Ce n'étaient que les aubes déjà lumineuses de leur amour. La passion était venue dans toute sa luxuriance quand Georges s'était jeté dans les bras de Valentine à l'hôtel du Louvre. Quels divins battements de cœur! C'était le paradis retrouvé. Ils avaient bu à pleine coupe toutes les délices?

Georges du Quesnoy se rejetait aveuglément dans le passé, mais Valentine le rappela malgré lui aux douleurs du présent.

« Je vous ai promis une heure, lui dit-elle,

nous avons dévoré trois quarts d'heure. Ne parlons plus de nous, parlons de Dieu. Ne parlons plus d'hier ni d'aujourd'hui, parlons de demain.

— Demain, dit Georges, je mourrai en vous, parce que je mourrai en Dieu.

— Et moi, dit Valentine, je ne veux vivre que pour prier pour vous ; mais jurez-moi de passer vos derniers jours humilié dans les grandeurs de la religion. Si vous saviez comme c'est bon de se tourner vers Dieu ! Le jour où vous m'avez quittée j'ai voulu mourir. Un rayon du ciel a traversé mon âme. C'était la grâce. Je me suis agenouillée, j'ai pleuré, j'ai prié. Quand je me suis relevée, mon désespoir s'était fait héroïsme. Je me suis vue dans la psyché et j'ai condamné ma beauté à disparaître. Dès ce jour-là, j'ai juré que je mourrais sœur de charité. Certes, je suis fière de mon sacrifice, puisque toute ma fortune, sinon celle de M. de Xaintrailles, me revenait par sa mort. Eh bien, je donnerai ma fortune aux pauvres, comme je donnerai ma beauté à la cellule. Si j'ai attendu pour entrer en religion, c'est que je voulais vous revoir. L'abbé *** est un saint homme ; il a compris que je vous apporterais l'amour de Dieu, voilà pourquoi je suis venue.

— C'est irrévocable ? dit Georges en mesurant toute la grandeur du sacrifice.

— Oui, maintenant que je vous ai vu, je n'attends plus que le jour terrible...

— Je comprends, dit Georges.

— Oui, vous avez compris, mon ami. Ce jour-là, à l'heure où Dieu vous recevra, je me jetterai au pied de l'autel, et je ne retournerai plus la tête.

Georges et Valentine s'embrassèrent dans les sanglots.

La sœur prit Valentine et l'entraîna, le prêtre prit le condamné et lui montra le crucifix.

Mais la passion était encore la plus forte : Georges ne baisa pas le crucifix, il se précipita comme un lion vers Valentine.

Elle-même s'était retournée.

Ils se jetèrent éperdument dans les bras l'un de l'autre, comme s'ils cherchaient la mort dans cette dernière et solennelle étreinte.

VIII

LA GUILLOTINE

Je ne sais si le pressentiment avait frappé l'esprit de Georges : trois jours après cette visite, quand on alla le prendre pour la mort, on le trouva tout éveillé qui crayonnait quelques pages. On s'imagina que c'était une lettre : c'était les feuillets volants d'un manuscrit sur le *Libre Arbitre*.

« Tenez, mon père, dit-il, en embrassant le prêtre des condamnés; vous lirez ceci en souvenir de moi. Ce n'est pas très-orthodoxe, mais, rassurez-vous, je vais mourir en Dieu. »

Et après un silence :

« Quand vous reverrez Mme de Xaintrailles, remettez-lui ces fleurs fanées, cueillies avec elle dans le Parc-aux-Grives. Je les ai brûlées sur mon cœur, je les ai sanctifiées par mes larmes et par mes prières. »

Georges se confessa et communia.

Dans sa confession il dit au prêtre :

« Vous n'imaginez pas comme j'ai passé une bonne nuit! J'étais libre et je courais comme un enfant les sentiers de mon pays. Mais je ne pouvais franchir le saut-de-loup du Parc-aux-Grives. »

Pendant la « toilette des condamnés », l'abbé *** lut la première page volante crayonnée par Georges :

« Les âmes en peine, ces âmes voyageuses
« qui ne sont ni du paradis ni de l'enfer, parce
« qu'elles ne sont détachées ni du bien ni du
« mal, ont été condamnées à représenter l'esprit
« de Dieu et l'esprit de Satan devant les âmes de
« la terre.

« Nous sommes tous les jouets de ces âmes en
« peine. Nous avons chacun la nôtre.

« On s'imagine qu'on vit en liberté et qu'on
« fait ce qu'on veut; mais on obéit sans le savoir
« — et sans le vouloir — à cette âme en peine
« qui a veillé sur notre berceau et qui nous con-
« duira jusqu'à la tombe. »

Le prêtre dit à Georges :

« Ce que vous avez écrit, c'est la légende du Mal dominant le Bien. Mais il n'y a sur la terre qu'une volonté : c'est celle de Dieu. Tout homme qui marche dans l'esprit de Dieu est maître de ses passions. »

Ce jour-là, quoiqu'on n'eût pas annoncé la veille le spectacle, il y avait foule pour la tragédie devant la place de la Roquette, quand cinq heures sonnèrent à Sainte-Marguerite. C'était l'heure. Les premières représentations sont presque toujours en retard. Le théâtre était disposé avec ses décors funèbres, mais les acteurs n'arrivaient pas. Les gamins grimpés sur les murs, sur les arbres, jusque sur les toits, commençaient à siffler.

« La toile ! ou mes six sous ! dit un gavroche.

— Patience, cria un de ses camarades, voilà le gaz allumé. »

Le soleil venait de jeter sur la guillotine son premier baiser du matin.

Une grande rumeur s'éleva : la porte de la Roquette venait de s'ouvrir.

On vit s'avancer, pâle, mais fier, mais ferme, un jeune homme qui regarda sans émotion visible l'horrible machine de mort.

« Dieu est au delà, » lui dit un prêtre plus pâle encore.

— Je le crois, mon père, dit le condamné ; quand j'aurai monté ces degrés, je n'aurai plus qu'un pas à faire.

Georges du Quesnoy embrassa l'abbé *** et sourit au bourreau.

M. de Paris s'inclina devant lui pour passer le premier.

« Faites, monsieur, vous êtes chez vous, dit le condamné. »

Le prêtre mit un pied sur la première marche

comme pour montrer le chemin au condamné, qui devança l'abbé *** et monta deux marches sans chanceler.

« Adieu, mon père. Voyez souvent Mme de Xaintrailles. Dites-lui bien que c'est elle qui m'a fait croire à Dieu.

Avant de monter sur le dernier théâtre de sa vie, il pencha la tête vers le crucifix que lui présentait l'abbé***. Il y appuya ses lèvres avec onction. Deux larmes de foi et de repentir tombèrent de ses yeux.

Quand Georges fut sur la seconde marche, il jeta un regard autour de lui, comme pour dire adieu au ciel et aux hommes.

Il vit passer dans la foule, — dans l'horrible foule en haillons, — qui la veille s'était enivrée de vin et qui allait s'enivrer de sang, une figure qu'il connaissait bien.

« Valentine ! » cria-t-il.

Mais, en regardant mieux, il vit bien que ce n'était pas la comtesse de Xaintrailles.

C'était une jeune fille vêtue de blanc, les pieds nus, les bras levés, les mains jointes, la chevelure flottante, ceinte d'un cercle d'or, dans l'attitude de la prière.

Georges du Quesnoy se retourna vers le prêtre :

« Voyez-vous? lui dit-il d'une voix étouffée.

— Que voulez-vous dire, mon enfant? dit le prêtre en montant sur la première marche.

— Ne voyez-vous pas là-bas celle dont je vous ai si souvent parlé, là-bas, dans ce groupe noir, toute blanche?... »

A cet instant le bourreau fit un signe d'impatience.

« Le bourreau a failli attendre! dit le condamné. Une seconde encore, monsieur de Paris, et je suis à vous. »

Et penchant la tête vers le groupe qu'il avait indiqué à l'abbé *** :

« Voyez, c'est elle, toujours elle. Mais quelle étrange métamorphose! Il semble qu'elle ait perdu jusqu'au souvenir de ses mauvaises passions. Elle a repris comme par miracle sa robe d'innocence et sa candeur de seize ans. Voyez! elle vient de me sourire avec la bouche d'un ange! »

Cette fois le condamné se sentit chanceler.

« Finissons-en, dit le bourreau, » avec une grâce onctueuse.

Mais le condamné voulait voir encore.

« Regardez bien ! dit-il à l'abbé ***, la voilà qui monte... qui monte... qui monte encore... Elle s'est envolée au ciel.

— Mon enfant, dans un instant vous la retrouverez. Vous avez compris, n'est-ce pas, que celle que vous avez vue aux quatre époques de votre vie,

Celle qui a été belle, pure, suave, divine,

Celle qui a été folle de son corps,

Celle qui a vendu son âme et qui a trempé ses mains dans le sang,

Celle qui s'est repentie et s'est envolée toute blanche au ciel :

C'est votre *âme* qui vous est apparue ! »

IX

LE DERNIER RENDEZ-VOUS

Ce fut un horrible frisson dans la foule, quand on vit cette belle tête couronnée d'un rayon de suprême intelligence, couchée sous le couteau et tombant dans le panier.

Les spectateurs se souviennent encore que l'horrible coupe-tête mal machinée ce jour-là résista cinq secondes au bourreau, ce qui donna le temps au condamné de tourner à demi la tête par curiosité. Cette fois il aurait pu dire à monsieur de Paris : « J'ai failli attendre! »

A la même heure, puisque cinq heures sonnaient à la chapelle des Missions-Étrangères, la comtesse de Xaintrailles se jeta le front sur les marches de l'autel, pour s'abîmer dans la prière, en attendant l'heure d'entrer en religion.

« Mon Dieu! mon Dieu! dit Valentine tout en larmes, c'est moi qui l'ai tué. »

FIN

TABLE

	Pages.
A Madame ***...........................	1
Les nouveaux romans d'Arsène Houssaye, par Jules Janin.	3

LIVRE PREMIER

LES MAINS PLEINES DE ROSES

I.	La Vision du château de Margival..........	27
II.	Tout et rien......................	37
III.	Il était une fois....................	40
IV.	Mlle Valentine de Margival............	56
V.	Le Monde des esprits................	63
VI.	Les Bucoliques...................	72
VII.	Point du tout....................	78
VIII.	Les Étoiles.....................	86
IX.	Daphnis et Chloé..................	93
X.	L'Amour qui raisonne................	101
XI.	Desesperanza....................	108
XII.	Qu'il ne faut pas toujours aller à la messe.....	115
XIII.	Le dernier Coup de minuit.............	120
XIV.	La Lune de miel..................	130

LIVRE II

LES MAINS PLEINES D'OR

		Pages.
I.	Le Portrait fatal	137
II.	Comment Georges du Quesnoy étudia le droit	141
III.	Le Cœur maître de l'Esprit	151
IV.	Vision à la Closerie des lilas	159
V.	Comment Pierre du Quesnoy mourut de mort violente	170
VI.	La Voyante	174
VII.	Les Déchéances	184
VIII.	Le *Miserere* du piano	190
IX.	Voyage sentimental	208
X.	La Chimie et l'Alchimie	217
XI.	Le Miracle du jeu	227
XII.	La Bacchante	235
XIII.	La Destinée	241
XIV.	La Baigneuse	247
XV.	Promenade au bois	254
XVI.	Que le bonheur est un rêve quand on n'a pas d'argent	263
XVII.	Le Mari et l'Amant	269
XVIII.	La Préface du crime	279
XIX.	Le Crime	296

LIVRE III

LES MAINS PLEINES DE SANG

I.	La troisième Vision	311
II.	Le Lendemain	316

		Pages.
III.	Le Déjeuner aux fraises.	328
IV.	La Cour d'assises.	340
V.	La Roquette.	345
VI.	La Confession	351
VII.	L'Adieu.	358
VIII.	La Guillotine.	364
IX.	Le dernier Rendez-vous.	371

MICHEL LÉVY FRÈRES, ÉDITEURS

ROMANS
DE

ARSÈNE HOUSSAYE

Nouvelles éditions, format grand in-18

MADEMOISELLE CLÉOPATRE. 1 volume.	3 fr. 50 c.
LA BELLE RAFAËLLA. 1 volume.	3 fr. 50 c.
L'AMOUR COMME IL EST. 1 volume.	1 fr. 25 c.
AVENTURES GALANTES DE MARGOT. 1 volume.	3 fr. 50 c.
BLANCHE ET MARGUERITE. 1 volume.	3 fr. 50 c.
LES FEMMES COMME ELLES SONT. 1 volume.	1 fr. 25 c.
LES FILLES D'ÈVE. 1 volume.	3 fr. 50 c.
MADEMOISELLE MARIANI, histoire parisienne. 1 volume.	3 fr. 50 c.
LES FEMMES DU DIABLE. 1 volume.	3 fr. 50 c.
LA PÉCHERESSE. 1 volume.	3 fr. 50 c.
LE ROMAN DE LA DUCHESSE. 1 volume.	3 fr. 50 c.
LE REPENTIR DE MARION. 1 volume.	3 fr. 50 c.
LA VERTU DE ROSINE. 1 volume.	3 fr. 50 c.

Format in-8° cavalier

LES MAINS PLEINES DE ROSES, PLEINES D'OR ET PLEINES DE SANG. 1 volume.	6 fr.
LES GRANDES DAMES. 12 volumes.	60 fr. »

PARIS. — J. CLAYE, IMPRIMEUR, 7, RUE SAINT-BENOIT. — [372].

www.ingramcontent.com/pod-product-compliance
Lightning Source LLC
Chambersburg PA
CBHW050429170426

43201CB00008B/594